Schwarzbuch Deutscher Bundestag

20. Wahlperiode 2021-2024

Auflage 2021

VAWS-Pressebüro-West

Dieses Buch ist vor Drucklegung dahingehend geprüft worden, dass weder Inhalt noch Aufmachung irgendwelche BRD-Strafgesetze verletzen oder sozialethische Verwirrung unter Jugendlichen auslösen.

© VAWS • Postfach 101350 • D-47013 Duisburg

Telefon 0208-5941661 • Telefax 0208-5941669

info@vaws.de • www.vaws.de

2021

ISBN 10: 3-927773-99-9

ISBN 13: 978-3-927773-99-8

Inhalt

»Unser Rechtsstaat kann von Extremisten bekämpft und von Terroristen angegriffen werden. Gefährdet werden kann er nur von denen, denen er anvertraut ist.«

Burkhard Hirsch (FDP) laut »Westdeutsche Allgemeine Zeitung« vom 7. Mai 1977. Hirsch war Jurist und Bürgerrechtler. Er war von 1975 bis 1980 Innenminister des Landes Nordrhein-Westfalen und von 1994 bis 1998 Vizepräsident des Deutschen Bundestages.

Vorwort

Im Oktober 2021 kritisierte der Bund der Steuerzahler Deutschland e.V. die Ausgaben des Deutschen Bundestages. Nach der letzten Bundestagswahl platzt das Parlament aus allen Nähten. Statt der Normgröße von 598 Abgeordneten hat das neue Parlament 736 Abgeordnete. In Mehrkosten heißt das: Es muss ein neues Parlamentsgebäude her, was dem Steuerzahler 70 Millionen Euro kostet. Dazu kommen die Mehrkosten für das übergroße Parlament mit 410 Millionen Euro in der Wahlperiode - auf Kosten des Steuerzahlers.[423]

Bereits für 2020 standen Ausgaben von mehr als einer Milliarde Euro im Raum. So meldete Zeit-Online:

»Die Ausgaben für den Bundestag steigen kontinuierlich. Der Etatentwurf 2020 sehe erstmals Ausgaben von etwas mehr als einer Milliarde Euro vor, schreibt der Bundesrechnungshof in einem Bericht an den Haushaltsausschuss des Bundestags«.[424]

Damit Sie sich ein Bild davon machen können, wer u.a. alles von diesen Geldern profitiert, gibt Ihnen dieses Schwarzbuch Deutscher Bundestag eine gute Übersicht.

Offensichtlich geht hier Quantität vor Qualität, Lobbypolitik vor Volkswohl, Eigeninteresse vor Gemeinnutz. Viele Menschen sehen die Demokratie schwinden und sich ihrer Freiheit beraubt, dies nicht erst seit Corona.

Wird das neue Parlament hier Veränderungen herbeiführen? Vermutlich nein, im Gegenteil, denn viele Äußerungen und Ziele der Abgeordneten lassen Schlimmes erahnen.

Wird das Volk bluten? Finanziell ausgequetscht wie eine Zitrone? Fremde Interessen voran gestellt und die des eigenen Volkes ignoriert? Werden wir zu Versuchsobjekten degradiert, Versuchsobjekte für eine Politik irrwitziger Ideen?

Die Unsicherheit ist mehr als groß. Leider werden Politiker nicht in die persönliche Haftung genommen um Schlimmeres zu verhindern. Dies mag ein großer Fehler in der deutschen Republik zu sein.

Viele dieser Politiker haben ihr Augenmerk mehr auf Europa oder auf eine Weltregierung gerichtet, als auf Deutschland. Erzogen, unser Land und unser Volk abzulehnen. Statt auszuwandern sitzen sie nun im Parlament und sind scheinbar zu allem bereit.

Schauen wir diesen Menschen auf die Finger - lassen sie nicht aus den Augen und beleuchten wir kritisch ihr Handeln.

Was bietet uns dieser aktuelle Bundestag:

Jungsozialisten

Mit einem enormen Linksruck macht die SPD auf sich aufmerksam. Stolz verkündete die Juso-Chefin Jessica Rosenthal nach der Bundestagswahl den Einzug von 49 Jungsozialisten (Jusos) in den Deutschen Bundestag. Noch 2018 setzten sich die Jusos für die »Rote Hilfe e.V.« ein. Die Verfassungsschutzbehörden von Bund und Ländern stufen die Rote Hilfe als linksextremistisch ein und werfen ihr insbesondere die Unterstützung von Gewalttätern vor.

Alte SED-Genossen

Obwohl die Zahl der Abgeordneten der Partei DIE LINKE gewaltig geschrumpft ist, ziehen wieder alte SED-Mitglieder der einstigen SED-Diktatur der DDR in den Deutschen Bundestag ein. Gregor Gysi (SED-Mitglied seit 1967), Dietmar Bartsch (SED-Mitglied seit 1977), Bundestagsvizepräsidentin Petra Pau (SED-Mitglied seit 1983), Christian Görke (SED-Mitglied seit 1985), André Hahn (SED-Mitglied seit 1985), Gesine Lötzsch (SED-Mitglied seit 1984) und Petra Sitte (SED-Mitglied seit 1981) gehören zur alten Garde.

Neue Wählerschaft

Studien zum Wahlverhalten von Menschen mit Migrationshintergrund sind in Deutschland Mangelware. Zur Bundestagswahl 2021 ist lediglich zu ermitteln, dass rund 7,9 Millionen Menschen mit Migrationshintergrund in Deutschland wahlberechtigt waren. Die Mehrheit davon (59 Prozent) ist nicht in Deutschland geboren.

Fairerweise wird hier jedoch angemerkt, dass die Wahlbeteiligung von Menschen mit Migrationshintergrund bei der Bundestagswahl 2017 bei nur rund 65 Prozent gelegen haben soll. Hochgerechnet wären dies bei der Bundestagswahl 2021 mehr als 5 Millionen Wähler mit Migrationshintergrund.

Bekannt ist ferner aus älteren Studien, dass Menschen mit Migrationshintergrund verstärkt SPD, Linke und Bündnis 90/Die Grünen wählen. Daraus ergibt sich die Frage, ob die Partei DIE LINKE ohne diese Wählerstimmen überhaupt in den Bundestag gekommen wäre, ob die SPD ohne diese Stimmen nicht weit hinter der CDU gelegen hätte und ob Bündnis 90/Die Grünen überhaupt die 10 Prozent Marke erreicht hätte. Also wäre das eine ganz andere Konstellation zur Regierungsbildung.

Mit diesem reinen Gedankenspiel soll lediglich zum Nachdenken angeregt werden.

Zum erstenmal erscheint das Schwarzbuch Deutscher Bundestag zu Beginn einer Wahlperiode. Damit wollen wir unseren Beitrag zur Auseinandersetzung mit dem neuen Parlament leisten.

Werner Symanek (VAWS), 26. November 2021

Schwarzbuch Deutscher Bundestag - 20. Wahlperiode Skandale, Affären, Ermittlungen, Biografien und Weiteres

Albani, Stephan (03.06.1968) - CDU

Seit 1996	**Geschäftsführender Gesellschafter der Hörzentrum Oldenburg GmbH**
Seit 2001	**Geschäftsführer der HörTech gGmbH Olden-burg**
Seit 2007	**Senator des Bundessenats des Bundesverbandes für Wirtschaftsförderung und Außenwirtschaft – Global Economic Network e.V. (BWA)**
Seit 2013	**Mitglied des Deutschen Bundestages und Mitglied des Ausschusses für Gesundheit, sowie des Ausschusses für Bildung, Forschung und Technikfolgenabschätzung des Deutschen Bundestages**
Seit 2017	**Vorsitzender des Kreisverbandes Ammerland sowie stellvertretender Vorsitzender des Landesverbandes Oldenburg der Mittelstands- und Wirtschaftsvereinigung (MIT)**
Seit 2021	**Ordentliches Mitglied im parlamentarischen Begleitgremium Covid-19-Pandemie (Unterausschuss Corona)**

Stephan Albani hat Nebeneinkünfte von weit über 120.000 Euro. Seine Unternehmen erhalten öffentliche Gelder. In seiner Arbeit als Abgeordneter ist er in den Ausschüssen für Forschung und Technik, sowie Gesundheit. In der freien Wirtschaft ist er beratender Geschäftsführer vom Hörzentrum Oldenburg GmbH und vom Kompetenzzentrum HörTech gGmbH. »Lobbycontrol« spricht von einem *»klaren Fall von Befangenheit«.* Eine von Albanis Aussagen: *»Ich sehe kein Problem«.*[1]

Verbindungen/weitere Ämter:

Albani ist Mitglied im Rotary Club und in der Europa-Union Deutschland e.V. (EUD).[2]

Amthor, Philipp – CDU (10.11.1992)

Seit 2008	**Mitglied der CDU und der Jungen Union**
Seit 2010	**Landesvorstand der Jungen Union in Mecklenburg-Vorpommern**
2016	**Mitinitiator des »Konservativen Kreises«**
Seit 2017	**Mitglied des Deutschen Bundestages**
Seit 2017	**Mitglied im Innenausschuss und im Europaausschuss, stellv. Mitglied im Rechtsausschuss**
Seit 2021	**Vorsitzender der CDU-Landesgruppe Mecklenburg-Vorpommern**

Mitte Juni 2020 geriet Phillipp Amthor in die Kritik, als die Lobbyarbeit Amthors für das New Yorker Start-up-Unternehmen Augustus Intelligence aufgedeckt wurde.

Demnach habe Amthor auf Kosten der IT-Firma – die eine Briefkasten-Adresse in der US-Steueroase Delaware haben soll, teure Flugreisen, Übernachtungen in Luxushotels, Champagner und Aktienoptionen im Wert von bis zu einer Viertelmillion US-Dollar bekommen.[370]

Im Mai 2021 wurde ein Brief veröffentlicht, den Amthor am 1. Oktober 2018 an den derzeitigen Bundeswirtschaftsminister Peter Altmaier geschickt hatte, in dem er um politische Unterstützung für Augustus Intelligence wirbt. Einige Monate nach seinem Brief an den Wirtschaftsminister erhielt Amthor mehr als 2.500 Aktienoptionen von dem Unternehmen, einen Direktorenposten, und bekam kostspielige Reisen bezahlt.[371]

Im November 2011 wurde Amthor vom Amtsgericht Pasewalk wegen zu schnellen Fahrens zu einer Geldstrafe in Höhe von 450 Euro und einem Monat Fahrverbot verurteilt. Amthor hatte das auferlegte Bußgeld nicht akzeptiert. Der CDU-Politiker soll mit rund 120 Kilometer pro Stunde erwischt worden sein, obwohl er dort nur 70 Km/h fahren durfte. Angeblich sei Amthor nicht selbst gefahren, was ihm der Richter nicht abnahm. Außerdem lag ein entsprechendes Blitzerfoto vor. Laut Medienberichten war es auch nicht das erste

Mal, dass der CDU-Politiker wegen zu schnellen Fahrens erwischt wurde. Schon einmal musste Amthor eine Strafe zahlen und das Auto einen Monat stehen lassen. Das Urteil des Amtsgerichts Parsewalk war bis zur Fertigstellung dieses Buches noch nicht rechtskräftig.[425]

Verbindungen/weitere Ämter:

Amthor ist Mitglied in der Europa-Union Deutschland e.V.[372] und Young Leader der Atlantik-Brücke e.V..[373]

Annen, Niels (06.04.1973) - SPD

Seit 1989	**Mitglied der SPD**
2000-2001	**Stellvertretender Vorsitzender des internationalen Zusammenschlusses der sozialistischen und sozialdemokratischen Jugendorganisationen IUSY**
2001-2004	**Bundesvorsitzender der Jusos**
2003-2019	**Mitglied des SPD-Parteivorstandes**
2003-2013	**Stellvertretender Vorsitzender des Forums Demokratische Linke**
2005-2009	**Mitglied des Deutschen Bundestages**
Seit 2013	**Mitglied des Deutschen Bundestages**
Seit 2018	**Staatsminister im Auswärtigen Amt**
Seit 2018	**Mitglied im Leitungskreis der Parlamentarischen Linken in der SPD-Bundestagsfraktion**

2014 gestand Annen, dass er für seine Berliner Zweitwohnung keine Steuern bezahlt hatte. Er zahlte diese nach und das Verfahren wurde wegen Geringfügigkeit eingestellt.[3]

Im Februar 2019 wurde Niels Annen von der iranischen Botschaft eingeladen, den 40. Jahrestag der Machtübernahme der Islamisten im Iran mitzufeiern. Diese Einladung nahm er auch an. Das Regime im Iran steht seit rund 40 Jahren für Morde, Folter und Unterdrückung.[4]

Verbindungen/weitere Ämter:

Annen ist Mitglied des European Council on Foreign Relations (ECFR), der Atlantik-Brücke e.V. und Mitglied des Präsidiums der Deutschen Gesellschaft für Auswärtige Politik e.V. (DGAP).[5] Außerdem ist er Mitglied der Parlamentarischen Linken in der SPD.[6]

Baerbock, Annalena (15.12.1980) - BÜNDNIS 90/DIE GRÜNEN

Seit 2005	**Mitglied von BÜNDNIS 90/DIE GRÜNEN**
2009-2012	**Vorstandsmitglied der Europäischen Grünen Partei (European Green Party - EGP)**
2008-2013	**Sprecherin der Bundesarbeitsgemeinschaft Europa von BÜNDNIS 90/DIE GRÜNEN**
2009-2013	**Vorsitzende des Landesverbands BÜNDNIS 90/ DIE GRÜNEN in Brandenburg**
Seit 2013	**Mitglied des Deutschen Bundestages**
2018-2021	**Bundesvorsitzende BÜNDNIS 90/DIE GRÜNEN gemeinsam mit Robert Habeck**
2021	**Kanzlerkandidatin von BÜNDNIS 90/DIE GRÜNEN zur Bundestagswahl 2021**
Seit 2021	**Bundesministerin des Auswärtigen**

Die am 15. Dezember 1980 in Hamburg geborene Annalena Baerbock, studierte in Hamburg und London und war als erst Zwanzigjährige freie Mitarbeiterin der Hannoverschen Allgemeinen Zeitung. Nach einem Praktikum bei der Europaabgeordneten Elisabeth Schroedter (BÜNDNIS 90/DIE GRÜNEN), arbeitete sie von 2005 bis 2008 als deren Büroleiterin. Mit 25 Jahren wurde sie Mitglied bei BÜNDNIS 90/DIE GRÜNEN. 2009 bis 2013 war sie Landesvorsitzende der GRÜNEN in Brandenburg und seit 2013 Abgeordnete des Deutschen Bundestages. Seit 2018 ist sie Co-Vorsitzende von BÜNDNIS 90/ DIE GRÜNEN und wurde 2021 Kanzlerkandidatin zur Bundestagswahl 2021. Soweit liest es sich wie eine Bilderbuchkarriere. Fast zu schön um wahr zu sein und Grund genug, einmal hinter die Kulissen zu schauen.

2014-2020

Baerbock absolvierte das Young-Global-Leader Programm des Weltwirtschaftsforums (WEF), welches sie 2020 abschloss. Das Weltwirtschaftsforum wurde von Klaus Schwab, Mitglied im

Lenkungsausschuss (Steering Committee) der Bilderberg-Konferenzen, gegründet. Bekannte Absolventen des Young-Global-Leader-Programms des Weltwirtschaftsforums sind Jens Spahn und Ex-Bundeskanzlerin Angela Merkel (sie absolvierte das Vorgängerprogramm), des weiteren Sebastian Kurz (Ex-Bundeskanzler von Österreich), Emmanuel Macron (französischer Staatspräsident), Alexander de Croo (Vizepremierminister von Belgien), Sanna Marin (Ministerpräsidentin der Republik Finnland) und weitere Spitzenpolitiker. Weiterhin absolvierten das Young-Global-Leader-Programm Sergei Brin (Mitbegründer von Google), Mark Zuckerberg (Gründer und Vorstandsvorsitzender von Facebook), Jimmy Wales (Mitbegründer von Wikipedia). Der Multimilliardär George Soros ist häufig Teilnehmer am Weltwirtschaftsforum.[7]

15. Februar 2019

George Soros verkündet: *»Die deutschen Grünen haben sich zur einzigen konsequent proeuropäischen Partei im Lande entwickelt, und sie legen in den Meinungsumfragen weiter zu ...«*[8]

16. Februar 2019

Annalena Baerbock veröffentlicht auf der Internetplattform Instagram ein Foto von sich gemeinsam mit dem Multi-Milliardär George Soros auf der Münchener Sicherheitskonferenz.[9]

16. Februar 2020

Wieder ist Baerbock Teilnehmerin auf der Münchener Sicherheitskonferenz. Diesmal veröffentlicht sie auf Instagram ein Foto von sich und dem wohl reichsten Menschen der Welt, dem Young Global Leader des Weltwirtschaftsforums, Mark Zuckerberg (Gründer und Vorstandsvorsitzender von Facebook)[10], gefolgt von einem Foto bei einem gemeinsamen Abendessen mit dem Young Global Leader, Bilderberger und französischen Staatspräsidenten Emmanuel Macron.[11]

Spielen sich DIE GRÜNEN regelmäßig als Moralapostel auf, so zeigte der Bundestagswahlkampf 2021 die Doppelmoral der Partei.

1.500 Euro Corona-Sonderzahlung hat Kanzlerkandidatin Baerbock bekommen, Geld, das sicherlich bei den Pflegekräften besser angelegt wäre als bei parlamentarischen Großverdienern.

Wie ein Aufsichtsratschef, der für gute Arbeit mit einem Bonus belohnt wird, bekam auch Frau Baerbock nach erfolgreichen Wahlkämpfen ihren Bonus.

Da passt es doch, dass Baerbock »vergessen« hatte, ihre Nebeneinkünfte für die Jahre von 2018 bis 2020 (25.220,28 Euro) zu melden.[12] Im Übrigen Einkünfte, die manche Menschen für ein Jahr, oder sogar für zwei Jahre zum Leben haben.

Na, wenn das mal nicht Doppelmoral ist!

Eine weitere Panne – nach der Nachmeldung von Nebeneinkünften – sind die Korrekturen an ihrem Lebenslauf. Nachdem Berichte über ungenaue oder falsche Details in ihrem Lebenslauf bekannt wurden, hat sie ihren Lebenslauf angepasst. Eine aktuelle Änderung ist, dass sie ihr Studium der politischen Wissenschaften an der Universität Hamburg lediglich mit einem Vordiplom beendet hat. Vorher hatte sie in ihrem Lebenslauf nur die Studienzeit von 2000 bis 2004 genannt, ohne auf den Abschluss einzugehen. Eine Promotion in Völkerrecht hat sie nicht abgeschlossen.[13] Annalena Baerbock äußerte sich zu den Vorwürfen ihren Lebenslauf geschönt zu haben wie folgt: *»Meinen Lebenslauf habe ich knapp und komprimiert veröffentlicht und dabei unwillentlich einen missverständlichen Eindruck erweckt, den ich nicht erwecken wollte.«*[14]

Verbindungen/weitere Ämter:

Baerbock ist Mitglied des European Council on Foreign Relations (ECFR), die mit Unterstützung von George Soros‘ Open Society Foundations gegründet wurde. Hauptsponsor des ECFR ist die Open Society Foundations (OSF). 2011 erhielt der ECFR von der OSF 1,2 Millionen Euro, die damit fast 70 Prozent der Finanzierung des Lobbyverbandes bestritt.[15]

Außerdem ist sie Mitglied der Europa-Union Deutschland e.V. (EUD) und der Atlantik-Brücke e.V.

Zitat von Annalena Baerbock:

»An Tagen wie diesen, wo es grau ist, da haben wir natürlich viel weniger erneuerbare Energien. Deswegen haben wir Speicher. Deswegen ***fungiert das Netz als Speicher.*** *Und das ist alles ausgerechnet.«*

Quelle: Deutschlandfunk, 21.01.2018, https://www.deutschlandfunk.de/kandidatin-fuer-den-parteivorsitz-der-gruenen-ich-bin.868.de.html?dram:article_id=408793, abgerufen am 24.11.2020

Anmerkung: Im Stromnetz kann kein Strom gespeichert werden.

Weiteres Zitat von Annalena Baerbock:

»Deutschland hat Pro-Kopf-Emission von 9 Gigatonnen pro Einwohner«

Quelle: Politsendung Maybrit Illner vom 13.12.2018, ca. Minute 28:30. https://www.youtube.com/watch?v=sRUx0RtXa68, abgerufen am 24.11.2020

Anmerkung: Die Pro-Kopf-Emission an CO_2 in Deutschland lag 2019 bei 7,9 Tonnen (nicht Gigatonnen).

https://de.statista.com/statistik/daten/studie/153528/umfrage/co2-ausstoss-je-einwohner-in-deutschland-seit-1990/#:~:text=Im%20Jahr%202019%20produziert%20ein,Kopf-CO2-Emissionen%20weltweit, abgerufen am 24.11.2020

Weiteres Zitat von Annalena Baerbock:

»Und eigentlich sind wir die ***größte Volkswirtschaft der Welt****, dann ist doch in der Vergangenheit offensichtlich was falsch gelaufen.«*

Quelle: Polittalk Anne Will, Milliarden gegen die Krise - wird das Geld richtig investiert? ARD, 25.05.2020, 21:45, ca. Minute 23:40 https://www.ardmediathek.de/daserste/video/anne-will/milliarden-gegen-die-krise-wird-das-geld-richtig-investiert/das-erste/Y3JpZDovL25kci5kZS81YmNjYTcwZi1iOTQzLTQyOTEtYjgwYS03OTM1N2MyMTNiODQ, abgerufen am 24.11.2020

Anmerkung: Die größten Volkswirtschaften sind die USA, China und Japan. Deutschland folgt auf Platz vier.

Weiteres Zitat von Annalena Baerbock:

»Kobold – wo kommt das eigentlich her? Wie kann das recycelt werden? Müssen wir natürlich Antworten geben und da gibt es jetzt die ersten Batterien, die auf Kobold verzichten können.«

Quelle: ARD-Sommerinterview, 28.07.2019, ca. Min 10:07, https://www.tagesschau.de/multimedia/video/video-573847.html, abgerufen am 24.11.2020

Anmerkung: Das chemische Element in Batterien/Akkus heißt Kobalt.

Weiteres Zitat von Annalena Baerbock:

»Und dass es nicht im Sinne der Nord Stream AG ist, sich an europäische Regeln zu halten, macht ja einfach deutlich, dass sie ihr Unternehmen nicht in Europa registriert haben, sondern im Steuerparadies Zug in der Schweiz.«[16]

Quelle: 177. Sitzung des Deutschen Bundestages, Live übertragen am 18.09.2020 über den TV-Sender Phoenix, ca. 5:10:00 Laufzeit, https://www.youtube.com/watch?v=IsBC8OBo7cM, abgerufen am 06.05.2021

Anmerkung: Offensichtlich liegt für Kanzlerkandidatin Baerbock die Schweiz nicht in Europa. Also sind nicht nur ihre naturwissenschaftlichen Kenntnisse in Frage zu stellen, sondern auch ihre geografischen. Im Stenografischen Bericht des Deutschen Bundestages liest sich der Text anders als er in Wirklichkeit (s.o.) gesprochen wurde. Dort steht:

»Dass es nicht im Sinne der Nord Stream AG ist, sich an europäische Regeln zu halten, wird ja dadurch deutlich. Dass man das Unternehmen nicht in der EU registriert hat, sondern im Steuerparadies Zug in der Schweiz.«[17]

Quelle: Deutscher Bundestag, Plenarprotokoll 19/177, Stenografischer Bericht, 177. Sitzung, Freitag, den 18. September 2020, Seite 22309, https://dipbt.bundestag.de/dip21/btp/19/19177.pdf, abgerufen am 06.05.2019

Weiteres Zitat von Annalena Baerbock:

Zumindest gesteht Baerbock ein, dass es linke Gewalt gibt, indem sie sich von dieser distanziert. Aber:

»Für mich ist die Antifa nicht per se eine linksextremistische Organisation«[18]

> Quelle: Sendung Frag Selbst: Sie Fragen – Annalena Baerbock von den Grünen antwortet, ARD, Live übertragen am 28.07.2019, ca. Minute 21, https://www.youtube.com/watch?v=MMCjKb6nRW4, abgerufen am 01.05.2021

Anmerkung: Das sehen die Opfer antifaschistischer Gewalttaten sowie Polizei und Verfassungsschützer sicherlich anders.

Weiteres Zitat von Annalena Baerbock:

»Wir hatten – man vergisst das so schnell – vor einem halben Jahr Thüringen. Da standen wir kurz davor [längere Denkpause], dass ein Nazi, dass jemand, der nicht auf dem Boden des Grundgesetzes steht, in einem unserer Bundesländer zum Ministerpräsidenten gewählt wird.«

> Quelle: Sendung Markus Lanz am 18.08.2020, https://www.youtube.com/watch?v=XaUgYTx3Rew, abgerufen am 18.05.2021

Anmerkung: In diesem Falle meint Baerbock offensichtlich Thomas Kemmerich (FDP), denn weder der AFD-Spitzenkandidat Björn Höcke, noch der AfD-Ministerpräsidentenkandidat Christoph Kindervater standen kurz davor Ministerpräsident zu werden.

Nach heftiger Kritik versuchte Baerbock ihre Aussage zu korrigieren. *»Ich hab' gestern bei Markus Lanz unpräzise formuliert, was zu Missverständnissen führt. Ich meinte natürlich nicht Herrn Kemmerich, sondern die AfD, die in der chaotischen Lage zur Ministerpräsidentenwahl eine bedrohliche Rolle gespielt hat.«*[19]

Dieser Versuch einer Rechtfertigung wirkt allein wegen der längeren Nachdenkpause bei Markus Lanz unglaubwürdig!

Jetzt, da Baerbock Außenministerin ist, wäre es fatal, da solche unqualifizierten Aussagen diplomatische Krisen verursachen könnten.

Bartsch, Dr. rer. oec. Dietmar Gerhard (31.03.1958) - DIE LINKE

1977	Eintritt in die Sozialistische Einheitspartei Deutschlands (SED)
1983-1986	Tätigkeit im Verlag »Junge Welt GmbH«
1986-1990	Aspirant an der »Akademie für Gesellschaftswissenschaften« beim Zentralkomitee der Kommunistischen Partei der Sowjetunion
1989	Mitbegründer der Arbeitsgemeinschaft Junge GenossInnen (AGJG) auf dem außerordentlichen Parteitag der SED-PDS
Seit 1990	Mitglied der PDS
1990	Promotion an der Akademie für Gesellschaftswissenschaften in Moskau zum Dr. rer. oec
1990-1991	Geschäftsführer des Verlags »Junge Welt GmbH«
1991-1997	Bundesschatzmeister der PDS
1997-2002	Bundesgeschäftsführer der PDS
1998-2002	Mitglied des Deutschen Bundestages
2004-2005	Geschäftsführer der Tageszeitung »Neues Deutschland«
Seit 2005	Mitglied des Bundestages
2005-2007	Bundesgeschäftsführer der Linkspartei PDS
2007-2010	Bundesgeschäftsführer der Partei DIE LINKE
Seit 2015	Fraktionsvorsitzender der LINKEN im Deutschen Bundestag
2021	Spitzenkandidat der Partei DIE LINKE für die Bundestagswahl 2021

Während die Abgeordnetenbiografie Dr. Dietmar Bartschs in der 14. Wahlperiode des Deutschen Bundestages noch Aufschluss über die

SED-Vergangenheit und seine Tätigkeiten für den einstigen DDR-Vorzeigeverlag »Junge Welt« in den 1980er Jahren gab, sind entsprechende Vermerke in der aktuellen Abgeordnetenbiografie des Deutschen Bundestages nicht mehr zu finden.[20]

Interessant ist natürlich, dass Bartsch schon zu DDR-Zeiten Mitarbeiter des einstigen FDJ-Zentralorgans »Junge Welt« war, deren Geschäftsführer er in den 1990er Jahren wurde. Für die Tageszeitung »Die Welt« ist die »Junge Welt« das Sammelbecken für ewig gestrige Linke, offizielle und informelle Mitarbeiter der Stasi sowie Ex-Spione aus allen Teilen Deutschlands.[21] Die »Junge Welt« wurde 1947 in der Sowjetischen-Besatzungs-Zone gegründet und war die auflagenstärkste Zeitung in der SED-Diktatur. Einschätzung des Verfassungsschutzes zufolge pflegt die Zeitung *»eine traditionskommunistische Ausrichtung und propagiert die Errichtung einer sozialistischen Gesellschaft«.* Weiterhin vertritt der Verfassungsschutz die Ansicht, dass ein Großteil der Redaktion dem »linksextremistischen Spektrum« zugeordnet werden könne.

In die Kritik geriet die Zeitung besonders aufgrund der Beschäftigung von früheren Inoffiziellen Mitarbeitern (IM) des Ministeriums für Staatssicherheit (MfS) der DDR als Redakteure und Mitarbeiter. So war der Chefredakteur Arnold Schölzel unter dem Decknamen »André Holzer« langjährig als IM tätig. Peter Wolter, Ressortleiter Innenpolitik, wurde als Westjournalist für die Weitergabe von Informationen zu einer Bewährungsstrafe verurteilt. Der ehemalige Spion Rainer Rupp arbeitet als Autor für die »Junge Welt«.[22]

Der Abgeordnete Dietmar Bartsch, die »Junge Welt« und das einstige SED-Organ »Neues Deutschland« finden Erwähnung im Verfassungsschutzbericht 2006 des Bundesamtes für Verfassungsschutz unter der Kategorie »Linksextreme Bestrebungen und Verdachtsfälle«.[23]

Im September 2015 berichtete eine deutsche Tageszeitung über ihr zugespielte Dokumente, die Bartsch anlegen ließ und in denen er Mitglieder des eigenen Parteivorstandes nach politischer Ausrichtung bzw. Gefolgschaft kategorisieren ließ. Dabei wurden den Personen drei Buchstaben zugeordnet: Z für »zuverlässig«, U für »unabhängig« und L für »Lafodödel«, wobei das Z für Loyalität zu Bartsch selbst oder eine akzeptierte politische Linie steht, und »Lafodödel« eine abwertende Bezeichnung für die Anhänger seines innerparteilichen Gegners Oskar Lafontaine darstellt. Bereits vor drei Jahren sollte Bartsch die Anlage der Dateien durch einen Gefolgsmann initiiert haben.[24] In der zugrundeliegenden Korrespondenz wurde außerdem Parteichef Bernd Riexinger mit dem Spottnamen belegt.[25] Der Bericht sorgte für deutliche Irritationen und Kritik, nachdem eine Tageszeitung verschiedene Politiker der LINKEN auch direkt mit den Dokumenten konfrontiert hatte.[26]

Erneut 2012 wurde bekannt, dass Dietmar Bartsch unter Beobachtung durch das Bundesamt für Verfassungsschutz stand.[27]

Zitat von Dietmar Bartsch:

»Dass es in der DDR schlimmes Unrecht und Opfer dessen gegeben hat, ist unstrittig. Ebenso unstrittig ist, dass es in der DDR auch rechtsstaatliche Bereiche gegeben hat [...] Deswegen wende ich den Begriff Unrechtsstaat auf die DDR nicht an. Er ist kein Argument, sondern eine Keule.«[28]

Quelle: Zeit-Online, 20. Januar 2017, https://www.zeit.de/politik/deutschland/2017-01/linke-dietmar-bartsch-stasi, abgerufen am 26.05.2021

Ein weiteres Zitat von Dietmar Bartsch:

»Ich freue mich, dass wir eine Kommunistische Plattform haben und dass es auch radikale Linke bei uns gibt.«[29]

Quelle: OVG Nordrhein-Westfalen, Urteil vom 13.02.2009, Aktenzeichen: 16 A 845/08, https://openjur.de/u/135158.html, abgerufen am 09.04.2021

Braun, Prof. Dr. Helge – CDU (18.10.1972)

1989-2007	**Mitglied der Jungen Union**
Seit 1990	**Mitglied der CDU**
2002-2005	**Mitglied des Deutschen Bundestages**
Seit 2004	**Vorsitzender des CDU Kreisverbandes Gießen**
Seit 2007	**Vorsitzender des CDU Bezirksverbandes Mittelhessen**
Seit 2009	**Mitglied des Deutschen Bundestages**
2009-2013	**Parlamentarischer Staatssekretär bei der Bundesministerin für Bildung und Forschung**
2013-2018	**Staatsminister bei der Bundeskanzlerin**
2018-2021	**Chef des Bundeskanzleramtes und Bundesminister für besondere Aufgaben**

Die Gießener Universität hat die Doktorarbeit von Helge Braun im Fach Medizin aus dem Jahr 2007 auf Verstöße gegen wissenschaftliche Standards dahingehend überprüft, ob zuvor die Ergebnisse der Dissertation in einer anderen Veröffentlichung erschienen sind.

Die Prüfungskommission kam zu dem Ergebnis, dass zwar keine Täuschungsabsicht vorlag, aber an einigen Stellen eine unkorrekte Zitierweise vorliegt. Da detaillierte Einzelnachweise an einigen Stellen zu seinen früheren Publikationen fehlten, liege ein wissenschaftliches Fehlverhalten vor. Braun wurde aufgefordert, diese entsprechenden Stellen innerhalb von sechs Monaten zu korrigieren.[374]

Verbindungen/weitere Ämter:

Braun ist Mitglied der Europa-Union Deutschland e.V. (EUD).[375]

Bsirske, Frank – BÜNDNIS 90/DIE GRÜNEN (10.02.1952)

1978-1987	**Bildungssekretär der Sozialistischen Jugend – Die Falken in Hannover**
1987-1989	**Fraktionsmitarbeiter der Grün-Alternativen Bürgerliste im Rat der Landeshauptstadt Hannover**
1995-1998	**Im Aufsichtsrat der üstra Hannoversche Verkehrsbetriebe AG**
1997-2000	**Grünen Stadtrat in der Landeshauptstadt Hannover**
2001-2007	**Im Aufsichtsrat der DAWAG - Deutsche Angestellten-Wohnungbau-Aktiengesellschaft**
2001-2013	**Im Aufsichtsrat der Lufthansa AG**
2001-2019	**Vorsitzender der Gewerkschaft ver.di**
2001-2021	**Im Aufsichtrat von RWE**
2010-2012	**Mitglied im Verwaltungsrat der KfW-Bankengruppe**
2013-2021	**Im Aufsichtsrat der Deutschen Bank**
2016-2019	**Stellvertretender Vorsitzender im Aufsichtsrat des Stromkonzerns innogy SE**
Seit 2021	**Vorstandsvorsitzender des AWO Bundesverbandes**
Seit 2021	**Mitglied des Deutschen Bundestages**

Im Sommer 2008 wurde ver.di-Chef Bsirske kritisiert, weil er eine private First-Class-Flugreise mit der Lufthansa nach Los Angeles (USA) unternommen hatte, während die Fluggesellschaft zeitgleich durch ver.di bestreikt wurde. Als Aufsichtsratsmitglied der Lufthansa wurden ihm solche Freiflüge gewährt.[376]

2010 war Frank Bsirske im Film Unter Linken von Frank Fleischhauer zu sehen. Fleischhauer fragt Bsirske, ob er sich bei den beiden Polizisten, die auf einer Demonstration, zu der verschiedene ver.di-Bezirke aufgerufen hatten, durch einen Sprengsatz schwer verletzt worden waren, entschuldigt hätte. Bsirske verneint und erwidert, dass Organisationen, die zu einer Demonstration aufrufen, keine Verantwortung für dort begangene Straftaten tragen würden. Nachdem Bsirske ging und Fleischhauer nachhakt, greift Bsirske Fleischhauer am Jackett. Fleischhauer gab später an, Bsirske hätte ihn fast verprügelt.[377]) [378])

Veröffentlichungspflichtige Angaben:

Für seine Aufsichtsrat-Tätigkeit bei der Lufthansa erhielt er 2010 insgesamt 175.000 Euro.[379]

Als Aufsichtsratsmitglied der Deutschen Postbank erhielt er mehr als 18.000 Euro.[380]

Als stellvertretender Aufsichtsratsvorsitzender beim RWE-Konzern erhielt er 234.000 Euro im Jahr 2010.[381]

Als Aufsichtsrat bei der Deutschen Bank erhielt er für 2017 und 2018 insgesamt rund 529.000 Euro.[382]

Czaja, Mario – Partei CDU (21.09.1975)

Seit 1993	**Mitglied der CDU**
1993-1997	**Kreisvorsitzender der Jungen Union Hellersdorf**
1994-1995	**Stellvertretender Landesvorsitzender der Berliner Schüler Union**
Seit 1999	**Mitglied des Abgeordnetenhauses von Berlin**
2009-2011	**Stellvertretender Vorsitzender der CDU-Fraktion im Berliner Abgeordnetenhaus**
2011-2016	**Senator für Gesundheit und Soziales im Berliner Senat**
Seit 2018	**Stellvertretender Vorsitzender der CDU-Fraktion**
Seit 2021	**Mitglied des Deutschen Bundestages**

Auch Mario Czaja gehört zu den Schummlern bezüglich seines akademischen Titels. Im Jahre 2005 wagte er sich als Diplom-Ökonom in den Wahlkampf und brachte es fertig, das einzige Direktmandat der CDU in Ost-Berlin zu holen. Erworben hat er dieses Diplom an der Freien Universität Teufen/Appenzell-Ausserrhoden, deren akademische Titel in der Bundesrepublik nicht anerkannt sind.[383]

Universitäten wie diese seien auch unter dem Namen »Titelmühlen« bekannt, da nicht auf die akademische Leistung wert gelegt werden soll, sondern auf entsprechende Bezahlung.

1997 musste Czaja wegen Fahnenflucht eine Geldstrafe von 2.000 DM (ca. 1.000 Euro) bezahlen. Das Landgericht Berlin bestätigte das nunmehr rechtskräftige Urteil aus erster Instanz. Mit der Strafe ahndete das Landgericht, dass Mario Czaja 1996 zweimal seinen Dienst bei der Bundeswehr nicht angetreten hatte. Die Staatsanwaltschaft forderte wegen dieser Vergehen eine Bewährungsstrafe von vier Monaten.[384]

Dagdelen, Sevim (04.09.1975) - DIE LINKE

2005	**Mitglied des Deutschen Bundestages**
Seit 2015	**Migrationspolitische und integrationspolitische Beauftragte der Fraktion DIE LINKE**
2017-2019	**Stellvertretende Vorsitzende der Fraktion DIE LINKE**
Seit 2019	**Mitglied der Deutsch-Französischen Parlamentarischen Versammlung**

Aufgrund einer Vorlage des Immunitätsausschusses hob der Deutsche Bundestag am 29. November 2012 die politische Immunität von Sevim Dagdelen und drei weiteren Abgeordneten der Linken auf. 2010 hatten sie sich beim Castor-Transport in Niedersachsen an einem Aufruf zum Schottern beteiligt.[39] Schottern ist eine Sabotage-Technik, die das Entfernen von Steinen aus dem Oberbau von Bahngleisen bezeichnet, mit dem Ziel, das Gleis unpassierbar zu machen. Der Begriff geht auf die Anti-Atomkraft-Bewegung zurück, in der diese Sabotage-Technik eingesetzt wird, um Atommülltransporte per Bahn zu erschweren.

Wegen öffentlicher Aufforderung zu Straftaten wurde sie deshalb, wie auch Inge Höger (DIE LINKE) und Christel Wegner (DKP), im April 2013 zu einer Geldstrafe von 2.250 Euro verurteilt.[40]

Am 20. Februar 2014, während einer Debatte im Deutschen Bundestag über die Eskalation der Gewalt in der Ukraine, schrieb Dagdelen, die selbst an der Sitzung nicht teilnahm, auf Twitter: »*Unerträglich diese verwelkten Grünen, die die Faschisten in der Ukraine verharmlosen, die antisemitische Übergriffe begehen.*«[41]

Sevim Dagdelen bekundete am 29. Mai 2016 in der Sendung bei Anne Will ihre Unterstützung für die von Deutschland, den USA und der EU als Terrororganisation eingestufte PKK. Für sie sei die PKK keine Terrororganisation, sondern eine »*politische Organisation*«.[42] Bereits am 26. November 1993 erließ die Bundesrepublik Deutschland ein Betätigungsverbot für die PKK in Deutschland. Es war eine Antwort auf voran gegangene 60 Überfälle auf türkische Einrichtungen in verschiedenen Städten in Deutschland im Juli 1993, bei welchen eine Person starb.

Verbindungen/weitere Ämter:

Dagdelen ist Mitglied im Präsidium der DGAP,[43] außerdem ist sie Mitglied in der Rote Hilfe e.V.[44] Die Rote Hilfe wird im Verfassungsschutzbericht 1976 dem »*Vorfeld des Terrorismus*« zugerechnet.[45] Im Verfassungsschutzbericht 1977 wurde die Rote Hilfe als »*Rekrutierungsfeld terroristischer Organisationen*« bezeichnet.[46]

Djir-Sarai, Bijan (06.06.1976) – FDP

1995	**Eintritt bei den Jungen Liberalen**
Seit 1996	**Mitglied der FDP**
2004-2016	**Vorsitz der FDP-Kreistagsfraktion im Rhein-Kreis Neuss**
Seit 2005	**FDP Kreisvorsitzender im Rhein-Kreis Neuss**
Seit 2006	**Mitglied im Landesvorstand der FDP in NRW**
2009-2013	**Mitglied im Deutschen Bundestag**
2009-2014	**Stellvertretender Landrat im Rhein-Kreis Neuss**
Seit 2014	**Vorsitz des FDP-Bezirksverbandes Düsseldorf**
Seit 2017	**Beisitzer im Bundesvorstand der FDP**
Seit 2017	**Mitglied im Deutschen Bundestag**
Seit 2018	**Vorsitzender der Landesgruppe NRW der FDP-Bundestagsfraktion**

2017 wurden gegen den Bundestagsabgeordneten Bijan Djir-Sarai Plagiatsvorwürfe erhoben. Am 5. März 2012 wurde ihm nach Prüfung seiner Dissertation von der Universität zu Köln der Doktortitel aberkannt. Begründung: Bei der Anfertigung der Dissertation wurden *»in erheblichen Umfang wissenschaftliche Zitierpflichten nicht hinreichend beachtet«*.[54]

Verbindungen/weitere Ämter:

Djir-Sarai ist Mitglied der Europa-Union Deutschland e.V.[55] und im Vorstand der DGAP.[56]

Veröffentlichungspflichtige Angaben:

Bijan ist Mitglied des Verwaltungsrates, Hauptausschusses und der Zweckverbandsversammlung der Sparkasse Neuss.[57]

Ernst, Klaus (01.11.1954) - DIE LINKE

1974-2004	**Mitglied der SPD, 2004 aus der SPD ausgeschlossen**
Seit 2005	**Mitglied des Deutschen Bundestages**
2005	**Mitglied des geschäftsführenden Vorstandes der Partei Arbeit & soziale Gerechtigkeit – Die Wahlalternative (WASG), später DIE LINKE**
2005-2009	**Stellvertretender Vorsitzender der Linksfraktion**
2007-2010	**Stellvertretender Vorsitzender DIE LINKE**
2010-2012	**Vorsitzender der Partei DIE LINKE**

Im Sommer 2010 ermittelte die Staatsanwaltschaft Berlin gegen Klaus Ernst, damaliger Vorsitzender der Partei DIE LINKE, wegen Betruges und Untreue. Es handelte sich explizit um drei Flüge, die er über die Bundestagsverwaltung abgerechnet habe. Der Sprecher der Staatsanwaltschaft sagte, es lägen *»zureichende Tatsächliche Anhaltspunkte für eine Straftat vor«.*[58] Es habe auch eine Anzeige von einer Privatperson gegeben, so der Sprecher der Staatsanwaltschaft.[59]

Ernst besitzt ein nostalgisches Fahrzeug des Herstellers Porsche und wurde in den Medien zuweilen als „Luxus-Linker" bezeichnet.[60] Den Wagen hatte er vor rund zwanzig Jahren erworben,[61] als der heutige Abgeordnete der LINKEN bei Porsche im Aufsichtsrat war.[62]

Für interne Diskussionen sorgte im Jahr 2010, dass Ernst neben seinen Bezügen als Abgeordneter und Fraktionsvorstandsmitglied (rund 7.700 Euro) eine Zuwendung von 3.500 Euro für die Position als Bundesvorsitzender von seiner Partei DIE LINKE erhielt. Zusätzlich soll es noch 1.900 Euro monatlich für seine Mitgliedschaft im Fraktionsvorstand gegeben haben.[63]

Veröffentlichungspflichtige Angaben:

Ernst ist Mitglied des Beirates für sparkassenpolitische Grundsatzfragen des Sparkassenverbands Bayern in München.[64]

Esken, Saskia (28.08.1961) - SPD

Seit 1990	**Mitglied der SPD**
2007-2014	**Mitglied des Gemeinderats von Bad Liebenzell**
2009-2020	**Mitglied des Kreistags des Landkreises Calw**
2013-2016	**Beisitzerin im Vorstand der SPD Baden-Württemberg**
Seit 2013	**Mitglied des Deutschen Bundestages**
Seit 2019	**Bundesvorsitzende der SPD**

Zitat von Saskia Esken:

»Antifa ist keine Organisation. Antifaschismus ist eine Haltung, die für Demokraten selbstverständlich sein sollte.«

Quelle: Saskia Esken auf Twitter am 01.06.2020 laut Merkur.de, 02.06.2020, Antifa-Tweet von SPD-Chefin Esken: Grüner führt Seehofer ins Feld - Debatte eskaliert weiter, https://www.merkur.de/politik/saskia-esken-antifa-donald-trump-usa-twitter-spd-spoe-cdu-seehofer-gruene-antifaschisten-zr-13783388.html

Verbindungen/weitere Ämter:

Esken ist Mitglied der Europa-Union Deutschland e.V. (EUD) [65] Außerdem ist sie Mitglied der Parlamentarischen Linken in der SPD. [66]

Veröffentlichungspflichtige Angaben:

Esken war bis zum 16. September 2019 stellvertretendes Mitglied des Verwaltungsrates der Sparkasse Pforzheim Calw und bis zum 25. März 2020 Mitglied des Beirates der Bundesnetzagentur für Elektrizität, Gas, Telekommunikation, Post und Eisenbahnen in Bonn.[67]

Friedrich, Dr. Hans-Peter (10.03.1975) - CSU

Seit 1974	**Mitglied der CSU**
Seit 1998	**Mitglied des Deutschen Bundestages**
2005-2009	**Stellvertretender Vorsitzender der CDU/CSU-Bundestagsfraktion**
2009-2011	**Vorsitzender der CSU-Landesgruppe im Deutschen Bundestag**
2011-2013	**Bundesminister des Innern**
2013-2014	**Bundesminister für Ernährung und Landwirtschaft**
2014-2017	**Stellvertretender Vorsitzender der CDU/CSU-Bundestagsfraktion**
2017-2021	**Vizepräsident des Deutschen Bundestages**

Im Februar 2014 wurde im Zuge staatsanwaltschaftlicher Ermittlungen gegen den vormaligen Bundestagsabgeordneten Sebastian Edathy (SPD) bekannt, dass Hans-Peter Friedrich in seiner Funktion als Bundesinnenminister den SPD-Parteivorsitzenden Sigmar Gabriel bereits im Oktober 2013 über die laufenden Ermittlungen gegen Edathy (Besitz von kinderpornografischen Fotos und Videos) informiert hatte.[71] Da er mit der Weitergabe dieser Information die Ermittlungen behindert habe, prüften nach eigenen Angaben die Staatsanwaltschaften in Hannover und Berlin die Einleitung förmlicher Ermittlungen gegen Friedrich wegen Verrats von Dienstgeheimnissen.

Am 14. Februar 2014 trat Friedrich vom Amt des Bundeslandwirtschaftsministers zurück, verlieh aber seiner Überzeugung Ausdruck, dass er politisch und rechtlich richtig gehandelt habe, als er im Oktober 2013 den SPD-Vorsitzenden Sigmar Gabriel informiert habe.[72]

Die Staatsanwaltschaft Berlin hat am 26. Februar 2014 ein Ermittlungsverfahren wegen des Verdachts der Verletzung von Dienstgeheimnissen im Zusammenhang mit der Edathy-Affäre eingeleitet und auf Antrag die politische Immunität von Friedrich als Abgeordneter aufheben lassen.[73] Letztendlich kam die Staatsanwaltschaft zu dem Ergebnis, Friedrich habe rechtswidrig gehandelt, stellte das Verfahren aber im Oktober 2014 wegen geringer Schuld ein.[74]

Verbindungen/weitere Ämter:

Friedrich ist Mitglied der DGAP.[414]

Veröffentlichungspflichtige Angaben:

Friedrich ist Mitglied des Aufsichtsrates der Münchener Verein Krankenversicherung a.G.[75]

Gambir, Schahina – (06.06.1991) BÜNDNIS 90/DIE GRÜNEN

Seit 2015	**Mitglied bei BÜNDNIS 90/DIE GRÜNEN**
2018	**Beisitzerin im Landesvorstand der Grünen Jugend NRW**
2018-2019	**Sprecherin der Grünen Jugend Bielefeld**
2019-2021	**Vorstandsvorsitzende des Kreisverbandes BÜNDNIS 90/DIE GRÜNEN**
Seit 2018	**Mitglied des Deutschen Bundestages**

Zitat von Schahina Gambir:

» *Es kann nicht oft genug gesagt werden: Es gibt KEINEN Rassismus gegen weiße. ENDE.* « (Schreibfehler im Original)

Quelle: Twitter-Account von Schahina Gambir, 10. Oktober 2021. https://twitter.com/schahinag, abgerufen am 02.11.2021

Anmerkung/nur ein Beispiel: Im Mai 2019 beleidigte eine Südafrikanerin mehrere Personen als *»ihr scheiß Weiße«.*

Quelle: Bayerisches Staatsministerium des Innern, für Sport und Integration, Aktenzeichen C5-0016-1-917 TW vom 17. August 2020, zitiert in Deutscher Bundestag, Drucksache 19/26512, Seite 30, https://dserver.bundestag.de/btd/19/265/1926512.pdf, abgerufen am 02.11.2021.

Ergänzung: Die Tat ereignete sich in Lindau, die junge Dame aus Südafrika war zur Tatzeit 45 Jahre und soll zusätzlich eine hinzugekommene Nachbarin bespuckt haben.

Göring-Eckart, Katrin (03.05.1966) - BÜNDNIS 90/DIE GRÜNEN

1989	**Gründungsmitglied des Demokratischen Aufbruchs**
Seit 1990	**Mitglied BÜNDNIS 90/DIE GRÜNEN**
1990-1993	**Mitglied im thüringischen Landesvorstand von Bündnis 90**
Seit 1998	**Mitglied des Deutschen Bundestages für BÜNDNIS90/DIE GRÜNEN**
2005-2013	**Vizepräsidentin des Deutschen Bundestages**
Seit 2015	**Vorsitzende der Bundestagsfraktion BÜNDNIS 90/DIE GRÜNEN**
Seit 2019	**Fraktionsvorsitzende der Fraktion BÜNDNIS 90/ DIE GRÜNEN**

Zitat von Katrin Göring-Eckart:

»Und Dresden, das ist vor allem die Frauenkirche. Die ist wiederaufgebaut worden, nachdem die Nazis sie zerstört haben. Und das, finde ich, ist das Symbol, an das man heute denken sollte.«

Quelle: ARD Morgenmagazin am 19. Oktober 2015, Archiv VAWS-Pressebüro

Anmerkung: Am Vormittag des 15. Februar 1945 – zwei Tage nach dem verheerenden Bombenangriff der britischen »Royal Air Force« auf Dresden – stürzte die ausgebrannte Frauenkirche in sich zusammen. Unwissenheit oder billige Propaganda einer Politikerin?

Ein weiteres Zitat von Katrin Göring-Eckart:

»Sind wir ein Land, was für Migrantinnen und Migranten offen ist, was Leute anzieht? Die wir übrigens dringend brauchen - nicht nur die Fachkräfte, sondern weil wir auch Menschen hier brauchen, die in unseren Sozialsystemen zu Hause sind, und sich auch zu Hause fühlen können.«

Quelle: ARD Morgenmagazin am 09.10.2013, https://www.youtube.com/watch?v=BwzM0D7oR3A, abgerufen am 12.05.2021

Ein weiteres Zitat von Katrin Göring-Eckart:

Katrin Göring-Eckart in der Generaldebatte des Bundestags am 9. September 2015:

»30 Prozent der Kinder und Jugendlichen heute haben bereits einen Migrationshintergrund. Und dabei habe ich die Ossis noch nicht mitgerechnet.«

Quelle: Correctiv.org, 26.05.2021, »Ossis noch nicht mitgerechnet«, https://correctiv.org/faktencheck/2021/05/26/ossis-noch-nicht-mitgerechnet-aussage-von-goering-eckardt-stammt-von-2015/, abgerufen am 23.11.2021

Verbindungen/weitere Ämter:

Göring-Eckart war Mitglied bei der Atlantik-Brücke e.V.[178]

Görke, Christian (17.03.1962) – DIE LINKE

Seit 1987	**Mitglied der SED später PDS und DIE LINKE (Nach anderen Quellen seit 1985)**
1990-1994	**Mitglied des Kreistages Rathenow**
1994-2014	**Mitglied des Kreistages Havelland**
2003-2015	**Mitglied des Landtages von Brandenburg**
2007-2012	**Parlamentarischer Geschäftsführer der Partei DIE LINKE**
2012-2014	**Fraktionsvorsitzender der Partei DIE LINKE**
Seit 2014	**Landesvorsitzender der Partei DIE LINKE in Brandenburg**
2014-2016	**Stellvertretendes Mitglied des Bundesrates**
2014-2019	**Finanzminister des Landes Brandenburg**
2014-2019	**Stellvertretender Ministerpräsident des Landes Brandenburg**
2016-2019	**Mitglied des Bundesrates**
Seit 2021	**Mitglied des Deutschen Bundestages**

Mit Christian Görke haben wir einen alten SED-Genossen im Bundestag und er blieb den SED-Nachfolgeparteien treu.

2014 startete der damalige Finanzminister des Landes Brandenburg Christian Görke (DIE LINKE) seine Sommertour. Da er nicht nur Finanzminister des Landes Brandenburg war, sondern auch Spitzenkandidat für die Partei DIE LINKE, befasste sich später das für Parteienfinanzierung zuständige Referat der Bundesregierung mit dem Fall. Dabei geht es um den Vorwurf der unzulässigen Wahlkampfhilfe, finanziert mit Geldern des Finanzministeriums und somit um unzulässige Parteienfinanzierung.[385]

2019 geriet Görke wieder in die Kritik. 2015 bekam Anne Stolpe, Ex-Freundin von Christian Görke, einen Regierungsjob auf Lebenszeit.

Nach ihrem Aufstieg zur Abteilungsleiterin bekam sie dafür monatlich 8.700 Euro.

Der Personalrat des Justizministeriums hatte gegen die Vergabe der Versorgungsjobs an linke Genossinnen geklagt. Stolpe war also kein Einzelfall. Das Gericht entschied, dass der Personalrat in dieser Angelegenheit hätte informiert werden müssen.[386]

Gysi, Dr. Gregor (16.01.1948) - DIE LINKE

Seit 1962	**Mitglied der Freien Deutschen Jugend (FDJ)**
Seit 1963	**Mitglied des Freien Deutschen Gewerkschaftsbundes (FDGB)**
Seit 1967	**Mitglied der SED**
1988-1989	**Vorsitzender des Kollegiums der Rechtsanwälte in Ost-Berlin und Vorsitzender der 15 Kollegien der Rechtsanwälte in der DDR**
1989-1993	**Vorsitzender der SED/PDS**
1990-2002	**Mitglied des Deutschen Bundestages**
1990-2000	**Fraktionsvorsitzender der Fraktion DIE LINKE**
2002	**Wirtschaftssenator von Berlin**
Seit 2005	**Mitglied des Deutschen Bundestages**
2005-2015	**Fraktionsvorsitzender der Fraktion DIE LINKE**
2013-2015	**Oppositionsführer im Deutschen Bundestag**
Seit 2020	**Außenpolitischer Sprecher der Fraktion DIE LINKE**
Seit 2020	**Mitglied des Auswärtigen Ausschusses des Deutschen Bundestages**

1996 hob der Deutsche Bundestag die Immunität des PDS-Politikers Gregor Gysi auf.[85] Die Staatsanwaltschaft ermittelte gegen ihn wegen des Verdachts auf Hausfriedensbruch im Rahmen der Besetzung der Räume der »Unabhängigen Kommission für das DDR-Parteivermögen«. 1998 wird er zu einer Geldstrafe von 8.000 DM (ca. 4.000 Euro) verurteilt.[86]

1997 belegte eine Stellungnahme der Gauck-Behörde vor dem Deutschen Bundestag, dass Gregor Gysi von 1978 bis 1989 als IM für das Ministerium für Staatssicherheit gearbeitet haben soll. Gysi bestritt diese Vorwürfe.[87] Dennoch soll auch der Immunitätsausschuss des Deutschen Bundestages von einer Tätigkeit des PDS-Politikers für die Stasi gesprochen haben, woraufhin Gysi erneut Klage einreichte.[88]

Im Mai 1998 verabschiedete der Bundestag mit den Stimmen von CDU/CSU, SPD und BÜNDNIS 90/DIE GRÜNEN und gegen die Stimmen von PDS und FDP eine Erklärung, wonach Gysi als Inoffizieller Mitarbeiter der DDR-Staatssicherheit tätig gewesen sei. Noch im selben Jahr wurde eine Gegenklage Gysis vom Bundesverfassungsgericht mit vier gegen vier Stimmen abgewiesen.[89]

2002 trat er schon ein halbes Jahr nach Amtsantritt von seinem Posten als Berliner Wirtschaftssenator zurück. Er begründete diesen Schritt mit seinem Fehlverhalten als Bundestagsabgeordneter.[90] Dienstliche Bonus-Flugmeilen soll er auch privat genutzt haben.[91] Zuvor war Gysi in die Kritik geraten, da er umstrittene Prominenten-Finanzfonds bei der Bankgesellschaft Berlin erworben hatte. Der Prominenten-Bonus liegt offenbar darin, dass Ausschüttungen dabei nicht versteuert werden müssen und garantiert sind. Der Politiker behauptete im Nachhinein, von der Bank falsch beraten worden zu sein.[92]

Im Januar 2012 wurde bekannt, dass Gregor Gysi unter Beobachtung durch das Bundesamt für Verfassungsschutz stand.[93]

Habeck, Dr. Robert (02.09.1969) - Bündnis 90/Die Grünen

Seit 2002	Mitglied BÜNDNIS 90/DIE GRÜNEN
2004-2009	Landesvorsitzender von BÜNDNIS 90/DIE GRÜNEN in Schleswig-Holstein
2008-2009	Fraktionsvorsitzender im Kreistag Schleswig-Flensburg für BÜNDNIS 90/DIE GRÜNEN
2009-2012	Fraktionsvorsitzender im Landtag in Schleswig-Holstein für BÜNDNIS 90/DIE GRÜNEN
2009-2018	Abgeordneter für BÜNDNIS 90/DIE GRÜNEN im Landtag Schleswig-Holstein
2012-2017	Stellvertretender Ministerpräsident in Schleswig-Holstein und Minister für Energiewende, Landwirtschaft, Umwelt und ländliche Räume
2018-2021	Parteivorsitzender von BÜNDNIS 90/ DIE GRÜNEN
Seit 2021	Fizekanzler, Klima- und Witschaftsminister

In der Zeit, als Robert Habeck Landesvorsitzender von BÜNDNIS90/ DIE GRÜNEN in Schleswig-Holstein war, brachte der Landesverband ein Programm heraus, in dessen Vorwort 15 *»Stimmen«* von 15 *»Menschen«* namentlich angeführt wurden, dazu noch mit Alter und Beruf versehen. Darin machten die Herausgeber von BÜNDNIS90/ DIE GRÜNEN nicht deutlich, dass es sich bei diesen *»Stimmen«* um eine Erfindung handelt. Habeck hatte es überrascht, dass jemand auf die Idee kommen könnte, es seien reale Personen.

Dazu der Bundestagsvizepräsident Wolfgang Kubicki *(FDP)*:

»Wenn Lügen zum Stilmittel in der Politik werden, dann sind die Grenzen definitiv überschritten«, »Was ist das für eine Regierungspartei, die die Zeugen für ihre vermeintlichen Erfolge nach neun Jahren Politik einfach erfindet und damit die Menschen in einer Art und Weise betrügt, die ihresgleichen sucht.«[369]

Zitat von Robert Habeck:

»Patriotismus, Vaterlandsliebe also, fand ich stets zum Kotzen. Ich wusste mit Deutschland nichts anzufangen und weiß es bis heute nicht«

Quelle: Robert Habeck, Patriotismus - Ein Linkes Plädoyer, ISBN 9783579068749, Gütersloher Verlagshaus, 2010

Ein weiteres Zitat von Robert Habeck:

»Es gibt kein Volk, und es gibt deswegen auch keinen Verrat am Volk. Sondern das ist ein böser Satz, um Menschen auszugrenzen und zu stigmatisieren.«

Quelle: Süddeutsche Zeitung, 8. Mai 2018, https://www.sueddeutsche.de/politik/parteien-es-gibt-kein-volk-habeck-wehrt-sich-gegen-angriffe-dpa.urn-newsml-dpa-com-20090101-180508-99-223101, abgerufen am 08.10.2020

Ein weiteres Zitat von Robert Habeck:

»Wir versuchen, alles zu machen, damit Thüringen ein offenes, freies, liberales, demokratisches Land wird, ein ökologisches Land.«

Quelle: Der Tagespiegel, 6.01.2019, https://www.tagesspiegel.de/politik/robert-habeck-gruenen-chef-erntet-spott-fuer-wahlkampf-video-zu-thueringen/23833706.html, abgerufen am 08.10.2020

Anmerkung: War Thüringen 2019 kein demokratisches Bundesland?

Ein weiteres Zitat von Robert Habeck:

»Endlich gibt es wieder Demokratie in Bayern. Eine Alleinherrschaft wird beendet.«

Quelle: Twitter @RobertHabeck am 12.10.2018, abgelichtet in Neue Zürcher Zeitung, 07.01.2019, https://www.nzz.ch/meinung/roberts-wintermaerchen-ld.1449456, abgerufen am 09.10.2020

Anmerkung: War Bayern 2018 kein demokratisches Bundesland?

Ein weitere Äußerung (offensichtlich kein wörtliches Zitat) von Robert Habeck worüber die Welt Kompakt wie folgt berichtete:

Was die Energie anbelangt, so will Habeck die Windräder so sehr verdichten, dass Deutschland ohne Atom und Kohle auskommt, sodass das Netz *"sein eigener Speicher wird"*. Windenergie wird in einem grünen Brandenburg künftig nur noch zwei oder drei Cent pro Kilowattstunde kosten. Sie wird billiger sein als Kernenergie.

Quelle: Welt Kompakt, 07.08.2019, Nr. 151, Seite 8, Kommen zwei Politiker nach Cottbus, https://www.genios.de/document?id=DWK__165286045&src=hitlist, abgerufen am 24.11.2021

Hakverdi, Metin (25.06.1969) - SPD

Seit 2002	**Mitglied der SPD**
2008-2011	**Mitglied der Hamburgischen Bürgerschaft**
2011-2013	**Mitglied der Hamburgischen Bürgerschaft und des Präsidiums**
Seit 2013	**Mitglied des Deutschen Bundestages**
Seit 2017	**Mitglied im Ausschuss für die Angelegenheiten der Europäischen Union**
Seit 2017	**Mitglied im Finanzausschuss des Deutschen Bundestages**

Hakverdi wurde beschuldigt, dass er die Eheleute Kenan T. und Nicole D. hinsichtlich der Absicherung ihrer Scheinehe rechtlich beraten haben soll. Hakverdi bestritt den Vorwurf. Allerdings hatte Hakverdi Kenan T. vor der Eheschließung mit Nicole D. beraten. Dabei soll es um die Sicherung der Aufenthaltserlaubnis für Kenan T. gegangen sein. Die Staatsanwaltschaft stellte im Mai 2010 das Verfahren gegen eine Bußgeldzahlung in Höhe von 750 • ein.[94]

Verbindungen/weitere Ämter:

Hakverdi ist Mitglied der Europa-Union Deutschland e.V. (EUD), der DGAP und der Atlantik-Brücke e.V.[95]

Hennig-Wellsow, Susanne (13.10.1977) – DIE LINKE

Seit 2001	**Mitglied der PDS, später DIE LINKE**
2001-2004	**Wissenschaftliche Mitarbeiterin für Bildung und Medien bei der PDS-Fraktion im Thüringer Landtag**
Seit 2004	**Mitglied im Thüringer Landtag**
2004-2012	**Mitglied des Erfurter Stadtrates**
2007-2012	**Mitglied im Stadtvorstand Erfurt der Partei DIE LINKE**
2013-2021	**Landesvorsitzende DIE LINKE in Thüringen**
2014-2021	**Vorsitzende der Linksfraktion im Thüringer Landtag**
Seit 2021	**Bundesvorsitzende der Partei DIE LINKE**
Seit 2021	**Mitglied des Deutschen Bundestages**

Susanne Hennig-Wellsow hat eine gefestigte linke Überzeugung. Sie ist Mitbegründerin der »Antikapitalistischen Linken« im Jahr 2007, die vom Bundesverfassungsschutz als linksextrem eingestuft wird.[387]

2016 reiste eine Delegation der Partei DIE LINKE auf Einladung der dortigen Kommunistischen Partei unter Führung von Hennig-Wellsow nach China. Einem Bericht einer Mitreisenden der Linken ist viel Bewunderung für den chinesischen Sozialismus und kein einziges kritisches Wort zu entnehmen, so finden sich auch keine öffentlichen Äußerungen Hennig-Wellsows zu China: keine Kritik an Umerziehungslagern oder Ähnliches. Allerdings konnte sie sich darüber erregen, dass eine CDU-Delegation in Ungarn völlig unkritisch Gespräche mit führenden Vertretern von Viktor Orbáns Regierungspartei Fidesz geführt hatte. Die zwei Gesichter der Frau Hennig-Wellsow?[388]

Verbindungen/weitere Ämter:

Mitglied im Verein »Rote Hilfe e.V,« - der vom Verfassungsschutz beobachtet wird.[389]

Zitat von Susanne Hennig-Wellsow:

»Letzte Woche hat die AfD den Beweis geliefert, der verlängerte Arm der Nazis im Parlament zu sein.«

Quelle: Susannehennig.de, 22.09.2015, https://www.susannehennig.de/nc/landtag/pressemitteilungen/detail/news/gegen-die-afd-auf-die-strasse-gehen-rassismus-und-voelkisch-nationalistischer-hetze-entschlossen-entg/, abgerufen am 06.11.2021

Hofreiter, Dr. Anton (02.02.1970) - BÜNDNIS 90/DIE GRÜNEN

Seit 1986	**Mitglied der Partei DIE GRÜNEN**
Seit 2005	**Mitglied des Deutschen Bundestages für BÜNDNIS 90/DIE GRÜNEN**
2011-2013	**Vorsitzender des Ausschusses für Verkehr, Bau und Stadtentwicklung**
Seit 2013	**Vorsitzender der Bundestagsfraktion BÜNDNIS 90/DIE GRÜNEN**

Auf Anfrage einer Zeitung gab Hofreiter im Mai 2014 zu, jahrelang keine Steuer für seine Zweitwohnung in Berlin gezahlt zu haben.

Hofreiter zog 2005 für die Fraktion BÜNDNIS 90/DIE GRÜNEN in den Bundestag ein. Er hätte damals binnen zwei Wochen seine Zweitwohnung beim Einwohnermeldeamt angeben müssen, dies tat er nicht. Hofreiter sprach von einem *»folgenreichen Fehler«*: Er habe 2005 bei der Anmietung des Apartments versäumt, dies als Zweitwohnung zu melden. Hofreiter weiter, er habe *»die Anmeldung dann einfach aus den Augen verloren«*.

Er hätte laut kommunaler Abgabenordnung fünf Prozent der Miete abführen müssen. Er habe *»2.475 Euro für den gesamten Zeitraum nachgezahlt«*.[191]

Der Fall ging jedoch weiter an die Staatsanwaltschaft, die ein mögliches Verfahren eingestellt haben dürfte.

Offen bleibt die Frage, ob ein solch vergesslicher Politiker als Abgeordneter tragbar ist.

Kaddor, Lamya – Bündnis 90/Die Grünen (11.06.1978)

Seit 2008	**Autorin und Publizistin**
Seit 2020	**Mitglied bei Bündnis 90/Die Grünen**
Seit 2021	**Mitglied des Deutschen Bundestages**

Lamya Kaddor soll 2017 das Gerücht verbreitet haben, dass die Soziologin und Autorin Necla Kelek (»Bittersüße Heimat, Bericht aus dem Inneren der Türkei«, »Chaos der Kulturen: Die Debatte um Islam und Integration«) muslimischen Männern einen Hang zur Sodomie unterstellt habe.

Kaddor habe diese Falschbehauptung nicht nur immer wieder neu verbreitet, um es glaubhafter zu machen habe sie eine Äußerung Keleks verfälscht und die Verfälschung als wörtliches Zitat ausgegeben.

Kaddor berief sich vor Gericht auf die Meinungsfreiheit, für den Richter lag dagegen eine Falschbehauptung vor, die von der Meinungsfreiheit nicht gedeckt ist. Kurzer Kommentar des Richters:

»Wenn Sie jemanden zitieren müssen Sie das richtig tun.«

Laut dem Urteil des Landgerichts Berlin vom Dezember 2018 droht Lamya Kaddor eine Ordnungsstrafe von bis zu 250.000 Euro, wenn sie diese Falschbehauptung nochmal wiederholt.[390]

Bereits 2011 stand Lamya Kaddor wegen Untreue vor Gericht. Ihr wurde von der Staatsanwaltschaft Münster vorgeworfen, Forschungsgelder veruntreut zu haben. Das Verfahren wurde vom Landgericht Münster gegen eine Zahlung von 7.500 Euro an eine karikative Einrichtung eingestellt.[391]

Veröffentlichungspflichtige Angaben:

Sie ist seit 2014 Mitglied im Beirat des Liberal-Islamischen Bundes e.V. und seit 2015 Mitglied im Beirat der George-Anawati-Stiftung. Außerdem ist sie seit 2016 Mitglied im Beirat der Gedenkstätte »Haus der Wannsee-Konferenz«, seit 2019 Mitglied im Beirat der

Bundesarbeitsgemeinschaft religiös begründeter Extremismus und seit 2021 Mitglied im Beirat des Islamkollegs e. V.[392]

Kiesewetter, Roderich (11.09.1963) - CDU

Seit 1981	**Mitglied der CDU**
1997-1999	**Im Bundesministerium der Verteidigung**
2006	**Im Bundesministerium der Verteidigung**
Seit 2009	**Mitglied des Deutschen Bundestages**
Seit 2009	**Ordentliches Mitglied des Ausschusses für Auswärtige Angelegenheiten**
2009-2013	**Mitglied des Ausschusses für Angelegenheiten der Europäischen Union (Europaausschuss)**
Seit 2013	**Regelmäßiger Teilnehmer des Gesprächskreises aus Bundestagsabgeordneten der CDU/CSU und BÜNDNIS 90/DIE GRÜNEN**
Seit 2014	**Obmann der CDU/CSU-Bundestagsfraktion im Auswärtigen Ausschuss**
Seit 2018	**Vorsitzender des 8. Beirat Bundesakademie für Sicherheitspolitik (BAKS)**
Seit 2020	**Vorsitzender des Parlamentarischen Kontrollgremiums, Ordentliches Mitglied im Auswärtigen Ausschuss, Stellvertretendes Mitglied im Verteidigungsausschuss**

Zwischenergebnisse fasste Kiesewetter im NSA-Untersuchungsausschuss schon mal bündig mit den Worten zusammen: »*Aufklärung läuft doch prima, bisher nicht ein einziger Hinweis auf anlasslose Massenüberwachung.*« Kiesewetter verteidigte nicht nur die NSA, sondern vor allem deren deutsche Kollegen vom BND, obwohl er in der Ermittlerrolle war. Wegen seiner Zusammenarbeit mit den US-Amerikanern stand der deutsche Auslandsgeheimdienst BND selbst unter Druck, etwa wenn es um die Weiterleitung von Daten aus einem Frankfurter Internetknoten geht. »*Zur Terrorabwehr nötig*«, so Kiesewetter. Er forderte sogar eine »*erhebliche Aufstockung*« der Mittel für den BND, um mit der NSA und anderen Geheimdiensten mitzuhalten.[118]

Verbindungen/weitere Ämter:

Kiesewetter ist Mitglied der DGAP und des Lions-Club.[119] Außerdem ist er Mitglied der Atlantik-Brücke e.V. und des European Leadership Network (ELN).[120]

Klein-Schmeink, Maria (06.01.1959) – BÜNDNIS 90/DIE GRÜNEN

Seit 1986	**Mitglied bei BÜNDNIS 90/DIE GRÜNEN**
1993-2009	**Im Stadtrat von Münster**
1994-2009	**Fraktionssprecherin von BÜNDNIS 90/DIE GRÜNEN im Stadtrat von Münster**
2004	**Erfolglose Kandidatur für das Amt der Oberbürgermeisterin in Münster**
Seit 2009	**Mitglied des Deutschen Bundestages**
Seit 2020	**Stellvertretende Fraktionsvorsitzende der Bundestagsfraktion von BÜNDNIS 90/DIE GRÜNEN**

»Steuerhinterziehung ist kein Kavaliersdelikt und sollte auch nicht so behandelt werden.« »Wir wollen Steuerhinterziehung wirksam bekämpfen und treten dafür ein, dass es keine Amnestie für Steuersünder geben sollte.« Soweit Maria Klein-Schmeink im Februar 2014. Nachdem sie im Februar 2014 Steuersünder kritisierte, wurde im Mai 2014 bekannt, dass Klein-Schmeing Ihren Zweitwohnsitz in Berlin nicht angemeldet hatte und dementsprechend bis dahin auch keine Steuern dafür bezahlt hatte.

»Ich wohne zur Miete und habe es leider versäumt, meinen Zweitwohnsitz anzumelden.« »Ich habe, als ich neu in den Bundestag eingetreten bin [2009 d. Red.], die entsprechende Information in den umfangreichen Unterlagen für neue Abgeordnete übersehen.«[393]

Künast, Renate (15.12.1955) - BÜNDNIS 90/ DIE GRÜNEN

Seit 1979	**Mitglied der Westberliner Alternativen Liste**
1989-1990	**Fraktionsvorsitzende von DIE GRÜNEN**
1989-2000	**Mitglied des Abgeordnetenhauses Berlin**
1998-2000	**Fraktionsvorsitzende von BÜNDNIS 90/ DIE GRÜNEN**
2000-2001	**Bundesvorsitzende von BÜNDNIS 90/ DIE GRÜNEN**
2001-2005	**Bundesministerin für Verbraucherschutz, Ernährung und Landwirtschaft**
Seit 2001	**Mitglied des Deutschen Bundestages für BÜNDNIS 90/DIE GRÜNEN**
2005-2013	**Vorsitzende der Bundestagsfraktion BÜNDNIS 90/DIE GRÜNEN**
2014-2017	**Vorsitzende des Rechtsausschusses des Deutschen Bundestages**
Seit 2017	**Mitglied im Ausschuss für Ernährung und Landwirtschaft, sowie stellvertretendes Mitglied im Ausschuss für Recht und Verbraucherschutz.**

Die Ministerin für Verbraucherschutz, Ernährung und Landwirtschaft befand sich im Oktober 2003 auf einer Reise in Brasilien, als sie eine Maschine der Flugbereitschaft vom Typ Challenger aus Deutschland anforderte. Diese Maschinen werden normalerweise nur für Kurzstreckenflüge genutzt. Als sich die Maschine schon auf halber Strecke befand, wurde sie wieder abbestellt und musste zurück nach Deutschland fliegen. Der Bundesrechnungshof rechnete einen Schaden für den Steuerzahler von 96.000 Euro aus.[214] Wie steht es dabei mit dem Umweltschutz?

Der Aufruf von GRÜNEN-Fraktionschefin Renate Künast im Jahr 2010, umweltfreundliche Hybrid-Autos des japanischen Herstellers Toyota zu kaufen, ist bei weiten Teilen der Bevölkerung auf Kritik gestoßen.[215] Der Aufruf ist für die derzeitige niederliegende deutsche Automobilindustrie ein Schlag ins Gesicht gewesen. Es ist sicherlich ein falscher Weg, als Bundesministerin medienwirksam Werbung für ein ausländisches Unternehmen zu machen.

Laut Berliner Zeitung fuhr Künast während ihrer Amtszeit als Bundesverbraucherministerin selbst einen Audi A8 TDI. Das Auto habe zwar einen Dieselrußfilter gehabt, sei aber mit 326 PS nicht besonders umweltschonend ausgestattet gewesen.[216]

Künast forderte eine »*Einbürgerung*« des Islams in Deutschland.[217] In der Sendung Menschen bei Maischberger empfahl Künast der Polizistin Tania Kambouri bei Polizeieinsätzen in Moscheen die Schuhe auszuziehen, nachdem diese ihre Erfahrungen mit der steigenden Gewaltbereitschaft von muslimischen Immigranten geschildert hatte.[218]

Seit Ende der 1970er Jahre stand Künast für einige Jahre unter Beobachtung des Verfassungsschutzes.[219]

Zitat von Renate Künast:

»Ich bin es, ehrlich gesagt, leid, dass wir seit Jahrzehnten dafür kämpfen, dass NGOs und Antifagruppen, die sich engagieren, nicht immer um ihr Geld ringen müssen und nur auf ein Jahr befristete Arbeitsverträge abschließen können.«

Quelle: Internetseite grüne-bundestag.de, Rechtsextremismus und Hasskriminalität, https://www.gruene-bundestag.de/parlament/bundestagsreden/rechtsextremismus-und-hasskriminalitaet

Antwort von Bettina Röhl, der Tochter von Ulrike Meinhof *(RAF)*:

»Der militanten Antifa fehlen im Vergleich zur RAF nur die prominenten Gesichter. Sie pflegt aus Feigheit die Praxis, ihre Gesichter zu vermummen und ihre Namen geheim zu halten. Was sich oft Antifa nennt, droht ununterbrochen mit Gewalt und Anschlägen etwa gegen Politiker oder Polizisten, sie steht für sinnlose Sachbeschädigungen in enormer Höhe. Gleichwohl monierte die ehemalige Bundesministerin Renate Künast (Grüne) jüngst im Bundestag [... Zitat siehe oben ...] *Dafür gab es Beifall von Bündnis 90 / DIE GRÜNEN, von der Linken und von Abgeordneten der SPD. Man darf die Frage stellen, ob die Antifa so etwas ist wie eine verbeamtete*

RAF, eine Terrorgruppe mit Geld vom Staat unter dem Deckmantel „Kampf gegen rechts".«

Quelle: Neue Zürcher Zeitung, Die RAF ist tot. Es lebe die Antifa? 02.06.2020, https://www.nzz.ch/meinung/die-raf-ist-tot-es-lebe-die-antifa-ld.1558667, abgerufen am 21.12.2020

Lauterbach, Prof. Dr. Karl (21.02.1963) – SPD

Seit 2001	**Mitglied der SPD, zuvor in der CDU**
Seit 2005	**Mitglied des Deutschen Bundestages**
2009-2013	**Gesundheitspolitischer Sprecher der SPD-Bundestagsfraktion**
2013	**Mitglied im Kompetenzteam des SPD-Kanzlerkandidaten Peer Steinbrück**
2013-2020	**Stellvertretender Vorsitzender der SPD-Bundestagsfraktion**
2020	**Erfolglose Kandidatur zum SPD-Vorsitzenden**

Nach Annalena Baerbock und Cem Özdemir, beide BÜNDNIS 90/ DIE GRÜNEN, meldete sich im Mai 2021 auch Karl Lauterbach zu Wort. Er räumte einen »*Riesenfehler*« ein und meldete seine Nebeneinkünfte aus den Jahren 2018 und 2019 in Höhe von 17.850 Euro nach.[132]

Verbindungen/weitere Ämter:

Lauterbach ist Mitglied der Europa-Union Deutschland e.V.[133]

Lenders, Jürgen – FDP (20.04.1966)

Seit 1995	**Mitglied der FDP**
2001-2005	**Mitglied des FDP-Landesvorstandes im Landkreis Fulda**
Seit 2008	**Mitglied des Hessischen Landtags**
Seit 2017	**Parlamentarischer Geschäftsführer der FDP-Fraktion im Hessischen Landtag**
Seit 2020	**Mitglied im Hauptausschuss und stellvertretendes Mitglied im Untersuchungsausschuss 20/1 (Dr. Walter Lübcke)**
Seit 2021	**Mitglied im Deutschen Bundestag**

Gegen den jetzigen Bundestagsabgeordneten Jürgen Lenders (FDP) soll laut Staatsanwaltschaft Wiesbaden ein Ermittlungsverfahren wegen des Verdachts der Untreue bzw. des Betruges eingeleitet worden sein.

2020 und 2021 soll Lenders in Briefen an über 1.100 FDP-Mitglieder und an alle hessischen FDP-Kreisverbände für seinen Wahlkampf geworben haben. Er soll das Porto für diese Briefe über seine steuerfreie Kostenpauschale als Abgeordneter des Hessischen Landtages bezahlt haben. Ausgaben für den Bundestagswahlkampf sind durch diese Pauschale nicht abgedeckt und müssen vom Kandidaten oder der Partei beglichen werden. Die Staatsanwaltschaft Wiesbaden hat ein Ermittlungsfahren gegen Lenders eingeleitet. Der Oberstaatsanwalt Andreas Winckelmann erklärte, dass es um den Verdacht der Untreue bzw. des Betruges gehe.[394]

Lindemann, Lars Friedrich – FDP (09.05.1971)

Seit 1996	**Mitglied der FDP**
2006-2010	**Stellvertretender Landesvorsitzender der FDP Berlin**
2008-2013	**Geschäftsführer des MVZ der Christlichen Krankenhäuser St. Josefs-Krankenhaus und Oberklinik in Potsdam GmbH**
2009-2013	**Mitglied des Deutschen Bundestages, Mitglied im Ausschuss für Gesundheit**
2010-2019	**Landesschatzmeister der FDP Berlin**
2012-2016	**Rechtsanwalt in der Kanzlei »Rechtsanwälte Ehlers, Ehlers & Partner«**
Seit 2013	**Hauptgeschäftsführer des Spitzenverbands Fachärzte Deutschlands e.V (SpiFa)**
Seit 2017	**Beisitzer im FDP-Bundesvorstand**
Seit 2020	**Generalsekretär der FDP Berlin**
Seit 2021	**Mitglied im Deutschen Bundestag**

2013 wurde dem FDP-Politiker Lars Lindemann von den Jungen Liberalen, der FDP-Jugendorganisation, Lobbyismus vorgeworfen.

Erst eine Woche nach seiner Nominierung für die Bundestagswahl 2013 gab Lindemann bekannt, den Beruf des Hauptgeschäftsführers des Spitzenverbandes Fachärzte Deutschlands e.V (SPiFa) anzunehmen. Lindemann ist bis heute Geschäftsführer des Verbandes und der angeschlossenen Beratungsagentur Sanakey. Darüber hinaus arbeitete er in der Kanzlei »Rechtsanwälte Ehlers, Ehlers & Partner«, die sich auf Mandanten des Medizinrechts und des Pflege- und Krankenhausrechts spezialisiert hat. (Quelle: ehlers-ehlers-und-partner.de) Die Jungen Liberalen sahen einen Interessenskonflikt zwischen diesen Tätigkeiten und Lindemanns Mitgliedschaft im Gesundheitsausschuss des Bundestages.[428]

Zudem verglich Lindemann 2013 den Vorschlag von BÜNDNIS 90/ DIE GRÜNEN, einen Veggieday in Kantinen einzuführen, mit der Politik des Nationalsozialismus. Er postete ein NS-Propagandabild auf Facebook mit dem Parteilogo von Bündnis 90/Die Grünen.[429]

Veröffentlichungspflichtige Angaben:

Von August 2004 bis Juli 2008 war Lindemann Geschäftsführer des Gesundheitszentrums Teltow gGmbH, der Medizinischen Einrichtung gGmbH, der Senioren Wohn- und Betreuungsgesellschaft mbH Gütefelde (2006 Verschmelzung mit Gesundheitszentrum Teltow gGmbh) und des Seniorenzentrums Caputh gGmbH (2006 Verschmelzung mit Gesundheitszentrum Teltow gGmbH).

Von April 2004 bis Juli 2008 war er Geschäftsführer der Evangelischen Kliniken Lehnin und der Evangelischen Ausbildungsstätte für Pflegeberufe in Brandenburg gGmbH.

Er war von August 2008 bis Dezember 2012 Geschäftsführer der MVZ im Verbund Alexianer und des MVZ Falkensee GmbH.

Von Dezember 2012 bis Juni 2016 arbeitete Lindemann als Rechtsanwalt in der Kanzlei »Rechtsanwälte Ehlers, Ehlers & Partner«, die sich auf Mandanten des Medizinrechts; des Pflege- und Krankenhausrechts und des Luftrechts spezialisiert hat.

Von August 2008 bis Dezember 2013 war er Geschäftsführer des MVZ der Christlichen Krankenhäuser St. Josefs-Krankenhaus und Oberklinik in Potsdam GmbH (später MVZ Potsdam im Oberlinhaus gGmbH).

Seit Mai 2013 ist Lindemann Hauptgeschäftsführer des Spitzenverbandes Fachärzte Deutschlands e.V (SpiFa) und seit September 2014 Geschäftsführer der angeschlossenen Beratungsagentur Sanakey Gruppe.

Von April bis November 2014 war Lindemann Vorsitzender des Aufsichtsrates der patiodoc AG.

Seit April 2013 ist er stellvertretender Vorsitzender des Vorstands der Stiftung Privatmedizin für eine freiheitliche Beziehung zwischen Patient und Arzt, München.

Lindemann ist seit 2013 unparteiisches Mitglied des Schiedsamtes für die vertragsärztliche Versorgung, Kassenärztliche Vereinigung Berlin.

Von Juni 2012 bis November 2015 war er Mitglied in der Vertreterversammlung der IDEAL Lebensversicherung AG, Berlin und ist dort seit November 2015 Mitglied des Aufsichtsrates.

Lötzsch, Dr. Gesine (07.08.1961) – DIE LINKE

Seit 1984	**Mitglied der SED, später PDS und DIE LINKE**
1989-1990	**Abgeordnete in der Bezirksverordnetenversammlung von Berlin-Lichtenberg**
1990	**Abgeordnete in der Stadtverordnetenversammlung von Ost-Berlin**
1991-2002	**Mitglied des Abgeordnetenhauses von Berlin**
1991-1993	**Mitglied des Landesvorstandes der PDS in Berlin**
Seit 2002	**Mitglied des Deutschen Bundestages**
2005-2012	**Stellvertretende Vorsitzende der Bundestagsfraktion DIE LINKE**
2010-2012	**Vorsitzende der Partei DIE LINKE**
Seit 2016	**Stellvertretende Vorsitzende der Bundestagsfraktion DIE LINKE**
Seit 2017	**Stellvertretende Vorsitzende des Vertrauensgremiums für die geheimen Haushaltspläne der Nachrichtendienste des Bundes, sowie Mitglied im Vermittlungsausschuss und dem Rechnungsprüfungsausschuss**

2011 schickte Gesine Lötzsch ein Glückwunschschreiben an Fidel Castro, dem Staatspräsident und ersten Sekretär des Zentralkomitees der Kommunistischen Partei Kubas, zu seinem 85. Geburtstag.[395]

Unter Castro wurden einige tausend politische Gegner inhaftiert und hingerichtet. Seine Gegner wurden als »Konterrevolutionäre« oder »Faschisten« bezeichnet und ohne Gerichtsverfahren eingesperrt. Er ließ Arbeitslager für Gegner seiner Revolution und für »soziale Abweichler«, damit meinte er u.a. Homosexuelle, einrichten.

Der Verfassungsschutzbericht des Landes NRW schreibt 2010 zu Gesine Lötzsch: *»Ein anderes politisches System schwebt offenbar auch der einen Vorsitzenden der Bundespartei* [DIE LINKE], *Gesine Lötzsch vor, wenn sie vor der am 8. Januar 2011 durch die Tageszeitung „junge welt" in Berlin veranstalteten Rosa-Luxemburg-Konferenz in der Zeitung gescheiterte und mögliche „Wege zum Kommunismus" beschreibt. Wörtlich heißt es dort: „Die Wege zum Kommunismus können wir nur finden, wenn wir uns auf dem Weg machen und sie ausprobieren, ob in der Regierung oder in der Opposition".«*[396]

Für Gesine Lötzsch sei die Mauer das Ergebnis des Zweiten Weltkriegs und des deutschen Überfalls auf Russland gewesen.[397] Damit legt sie ein völlig verquertes Geschichtsbild ab – ein Nichteingeständnis, dass die Mauer Symbol für das Scheitern des realexistierenden SED-Sozialismus war.

Der Leiter von Lötzschs Bundestagsbüro, Klaus Singer, war drei Jahre lang Mitarbeiter des Ministeriums für Staatssicherheit (MfS) der DDR. Stasi-Chef Erich Mielke soll sich persönlich für Singers Einstellung beim MfS ausgesprochen haben. Singer, der aus einer hohen DDR-Funktionärsfamilie stammen sollte, habe wie andere Büroleiter monatlich in der Regel rund 7.000 Euro aus Steuermitteln erhalten.[398]

Wegen ihrer Nähe zu ehemaligen DDR-Kadern war sie schon öfters in die Kritik geraten. Ihr Wahlkreisbüro in Berlin-Lichtenhagen galt als Hochburg ehemaliger SED-Funktionäre und Stasi-Mitarbeiter, zu denen sie Kontakte gepflegt haben solle. Dort war auch der Sitz der Stasi-Zentrale.[399]

Des Weiteren hatte Lötzsch für Empörung gesorgt, als sie sich für die Duldung früherer Inoffizieller Mitarbeiter (IM) der Stasi in den Parlamenten und Ministerämtern stark gemacht hatte.[400]

Zitat von Gesine Lötzsch:

Lötzsch über den Abriss des Palastes der Republik, Sitz der DDR-Volkskammer:

»Es wurde ein Haus des Volkes zerstört.« und würdigte, dass darin »Abgeordnete und Bürger beraten, feiern, essen und Kunst genießen« konnten.

> Quelle: Tagesspiegel.de, 05.12.2013, https://www.tagesspiegel.de/meinung/der-bundestag-ist-kein-haus-des-volkes-warum-die-linke-gesine-loetzsch-den-palast-der-republik-toller-fand/9169888.html, abgerufen am 07.11.2021

Anmerkung: Schlange stehen, das Volk mit Asbest vergiften und zusehen, wie »Westbürger« aus den Schlangen herausgesucht und zu den Esstischen gebracht wurden, während sich der Ost-Berliner die Beine in den Bauch stehen durfte. In dem stolzen Bauwerk wurden bis zu 5.000 Tonnen Spritzasbest – dies entspricht rund 720 Tonnen Rohasbest – verarbeitet.

Lutze, Thomas (23.08.1969) – DIE LINKE

Seit 1994	**Mitglied der PDS, heute DIE LINKE**
1995-2002	**Regionalbüromitarbeiter der PDS-Bundestagsfraktion in Saarbrücken**
Seit 2009	**Mitglied des Deutschen Bundestages**
Seit 2019	**Vorsitzender des Landesverbandes der Partei DIE LINKE im Saarland**

Die Saarbrücker Staatsanwaltschaft hat im März 2021 ein Ermittlungsverfahren wegen Urkundenfälschung gegen den LINKEN-Bundestagsabgeordneten Thomas Lutze eingeleitet. Die Immunität des Bundestagsabgeordneten Thomas Lutze wurde aufgehoben. Lutze soll vor der letzten Bundestagswahl gegenüber der Landeswahlleiterin eine falsche Erklärung abgegeben haben.[143]

Einige Mitglieder der Partei DIE LINKE hatten den Bundestagsabgeordneten Lutze beschuldigt, für die Listenaufstellung zur Bundestagswahl Stimmen gekauft zu haben. So soll er unter anderem Unterschriften von Parteimitgliedern über angeblich bezahlte Mitgliedsbeiträge gefälscht haben. Ein Zeuge habe seine Unterschrift als Fälschung bezeichnet.[144] Während der Arbeiten an diesem Buch halten die Ermittlungen noch an.

Lutze kandidierte trotzdem auf der Saarländischen Landesliste der Partei DIE LINKE zur Bundestagswahl 2021.

Zu dem Verfahren wegen Urkundenfälschung kommen auch Vorermittlungen wegen mutmaßlicher Untreue hinzu.[401]

Im Mai 2021 wird Lutze von seinem ehemaligen Mitarbeiter Kolasinac des Betrugs beschuldigt. Dieser wurde laut Arbeitsvertrag als Schreib- und Bürokraft zur Unterstützung bei dessen parlamentarischer Arbeit in der 19. Wahlperiode eingestellt. In der Realität soll Kolasinac geholfen haben, Mitglieder für die Partei zu werben, Feste zu organisieren und Parteimitglieder zu chauffieren. Damit liegt ein Verdacht des Betruges gegenüber der Bundestagsverwaltung nahe, denn Parteiarbeit sind den Abgeordnetenmitarbeitern untersagt. Vor vier Jahren beim Wahlparteitag soll Kolasinac Anhänger von Lutze zur Versammlung gebracht und sogar mit Geld dafür gesorgt haben, dass sie ihr Kreuz an die richtige Stelle setzen.

All das hat Kolasinac dem Anwalt von Astrid Schramm (Ex-Landesvorsitzende DIE LINKE) vorgetragen, welcher die »Vernehmung Kolasinac« an die Staatsanwaltschaft weiterleitete.[402]

Mayer, Stephan Ernst Johann (15.12.1973) - CSU

1994-2003	**Vorsitzender des Kreisverbandes Altöttingen der Jungen Union**
Seit 2002	**Mitglied des Deutschen Bundestages**
Seit 2009	**Mitglied des Parteivorstandes der CSU Bayern**
Seit 2018	**Parlamentarischer Staatssekretär beim Bundesminister des Innern, für Bau und Heimat**

Am 3. März 2013 verursachte Stephan Mayer einen schweren Auffahrunfall. Im Tunnel nahe Mühldorf, Richtung München, fuhr er statt der erlaubten 80km/h gefährliche 170/190km/h. Der Unfallgegner musste für einige Tage ins Krankenhaus und erhielt Schmerzensgeld in Höhe von ein paar hundert Euro. Ein Beweismittel zu seiner Tat hat Mayer sogar anfechten wollen: Es gibt eine Videoaufzeichnung, die beweist, dass er viel zu schnell fuhr. Mayers Kommentar den Medien gegenüber: *»Die Scheiß-Kameraaufzeichnungen dürften die überhaupt nicht so lange aufheben.«*[145] Angaben der Medien zufolge hat Mayer 2014 ein Urteil erhalten und musste 8.000 Euro Strafe zahlen und seinen Führerschein für zwei Monate abgeben.[146]

Interessant zu wissen ist, dass Mayer federführend bei der Befürwortung der Vorratsdatenspeicherung ist, bei seinem eigenen Fall sieht er es offensichtlich anders.

Verbindungen/weitere Ämter:

Stephan Mayer ist Mitglied der Europa-Union Deutschland e.V.[147]

Veröffentlichungspflichtige Angaben:

Mayer ist an der NMB Star Asset Sun Bernterode GmbH & Co. KG in Gräfelfing beteiligt.[148]

Müller, Michael – SPD (09.12.1964)

Seit 1981	**Mitglied der SPD**
Seit 1996	**Mitglied des Abgeordnetenhauses von Berlin**
2000-2004	**Vorsitzender der SPD Tempelhof Schöneberg**
2001-2011	**Vorsitzender der SPD Fraktion im Abgeordnetenhaus von Berlin**
2004-2012	**Landesvorsitzender der SPD Berlin**
2011-2014	**Bürgermeister und Senator für Stadtentwicklung und Umwelt**
Seit 2014	**Regierender Bürgermeister von Berlin**
2016-2020	**Landesvorsitzender der SPD Berlin**
2017-2018	**Präsident des Bundesrates**
Seit 2021	**Mitglied des Deutschen Bundestages**

Wenige Wochen nach dem Terroranschlag auf dem Breitscheidplatz in Berlin, ausgeübt von einem islamistischen Terroristen mit 13 Toten und 67 Verletzten, nahm Müller in Berlin trotz Kritik an einer umstrittenen Friedensdemo teil.

An dieser Veranstaltung beteiligten sich auch vom Verfassungsschutz beobachtete islamische Organisationen, deren Ziele »mit den Grundsätzen der freiheitlich demokratischen Grundordnung nicht vereinbar sind«.[403]

Müller fuhr laut Bundesumweltamt im Jahr 2019 eine Mercedes-Benz S-Guard 600 Limousine mit einem CO_2-Ausstoß von 408 g/km und liegt somit weit über den Dienstwagen aller anderer Länderchefs.[404]

Münzenmaier, Sebastian (02.07.1989) – AfD

Seit 2013	**Mitglied der Alternative für Deutschland (AfD) und der Jungen Alternative**
2013-2014	**Landesvorsitzender der Jungen Alternative Rheinland-Pfalz**
2014-2015	**Beisitzer, dann stellvertretender Vorsitzender der AfD Mainz**
Seit 2015	**Vorsitzender der AfD Mainz**
2016-2017	**Geschäftsführer der AfD-Landtagsfraktion Rheinland-Pfalz**
Seit 2017	**Mitglied des Deutschen Bundestages**
2018-2021	**Vorsitzender des Ausschusses für Tourismus im Deutschen Bundestag**
Seit 2019	**Stellvertretender Vorsitzender der AfD Rheinland-Pfalz**
Seit 2019	**Stellvertretender Vorsitzender der AfD-Bundestagsfraktion**

Im Dezember 2018 wurde ein Urteil gegen den AfD-Bundestagsabgeordneten Sebastian Münzenmaier rechtskräftig. Der Abgeordnete habe Mitgliedern der Hooliganszene des 1. FC Kaiserslautern bei einem Übergriff auf Anhänger des Fußballvereins Mainz 05 geholfen.[160] Das Landgericht Mainz verhängte in zweiter Instanz eine Geldstrafe in Höhe von 16.200 Euro gegen den Bundestagsabgeordneten wegen Beihilfe zu gefährlicher Körperverletzung.[161]

Nouripour, Omid (18.06.1975) - BÜNDNIS 90/DIE GRÜNEN

1996	**Mitglied von BÜNDNIS 90/DIE GRÜNEN**
1999-2003	**Landesvorsitzender der Grünen Jugend in Hessen**
1999-2003	**Mitglied des Landesvorstandes von BÜNDNIS 90/ DIE GRÜNEN in Hessen**
2002-2006	**Beisitzer im Bundesvorstand von BÜNDNIS 90/ DIE GRÜNEN**
2002-2009	**Sprecher der Bundesarbeitsgemeinschaft Migration & Flucht**
Seit 2006	**Mitglied des Deutschen Bundestages für BÜNDNIS 90/DIE GRÜNEN**

Seit 1996 ist Omid Nouripour Mitglied bei den GRÜNEN. Er engagierte sich zunächst in der Grünen Jugend, deren hessischer Landesvorsitzender er in den Jahren 1999 bis 2003 war. 2002 wurde Nouripour als Beisitzer in den Bundesvorstand von BÜNDNIS 90/DIE GRÜNEN gewählt. 2009 wurde Nouripour sicherheitspolitischer Sprecher und seit 2013 ist er außenpolitischer Sprecher der Fraktion BÜNDNIS 90/DIE GRÜNEN.[252]

2014 sprach sich Nouripour für eine kriegerische Handlung gegen den Islamischen Staat aus[253] und das als Mitglied einer Partei, die in den 1980er Jahren die Friedensbewegung dominierte.

Verbindungen/weitere Ämter:

Nouripour ist Mitglied des Vorstandes der Atlantik-Brücke e.V., ehrenamtliches Board-Mitglied des European Council on Foreign Relations (ECFR) und Mitglied der Europa-Union Deutschland e.V. im Deutschen Bundestag.[254]

Özdemir, Cem (21.12.1965) - BÜNDNIS 90/ DIE GRÜNEN

1981	Mitglied der GRÜNEN
1989-1994	Mitglied im Landesvorstand von BÜNDNIS 90/ DIE GRÜNEN in Baden-Württemberg
1992	Mitbegründer von Immi-Grün - Bündnis der neuen InländerInnen
1994-2002	Mitglied des Deutschen Bundestages für BÜNDNIS 90/DIE GRÜNEN
2004-2009	Abgeordneter des Europäischen Parlaments für BÜNDNIS 90/DIE GRÜNEN
2008-2019	Bundesvorsitzender von BÜNDNIS 90/ DIE GRÜNEN
Seit 2013	Mitglied des Deutschen Bundestages für BÜNDNIS 90/DIE GRÜNEN
Seit 2021	Minister für Ernährung und Landwirtschaft

2002 verzichtete der GRÜNEN-Politiker Cem Özdemir auf seinen Listenplatz für die Bundestagswahl. Er hatte von dem PR-Berater Moritz Hunzinger einen Kredit über 80.000 DM (ca. 40.000 Euro) zu überaus günstigen Konditionen erhalten. Özdemir betonte, dass mit diesem Kredit keine Verpflichtungen verbunden gewesen seien. Dass Hunzinger u.a. auch als Rüstungslobbyist bekannt ist, will der GRÜNEN-Politiker erst im Nachhinein erfahren haben.[255] Weiter beteuerte er, dass es sich um ein privates Darlehen gehandelt habe und er es aus diesem Grund dem Bundestagspräsident Wolfgang Thierse nicht gemeldet habe.[256] Ins Gespräch gekommen war Özdemir auch, da er dienstliche Flugmeilen privat genutzt haben soll.[257]

Auch Özdemir hat aus seiner Zeit als Parteichef von BÜNDNIS 90/DIE GRÜNEN im Mai 2021 für die Jahre 2014 bis 2017 Weihnachtsgeld in Höhe von insgesamt 20.580,11 Euro nachgemeldet was »versehentlich« noch nicht erfolgt sei.[171]

Im Januar 2019 erntete Cem Özdemir mit einem Langstreckenflug nach Lateinamerika für Aufsehen. Er teilte auf Twitter ein Urlaubsfoto aus den Anden, wo er mit seiner Familie Urlaub machte. Wegen der hohen CO_2-Emissionen von Flugzeugreisen sehen viele die Glaubwürdigkeit des »Klimaschützers« angekratzt.[426]

Es ist schon merkwürdig, wenn man einerseits Fahrverbote durchsetzen möchte und andererseits mehr als 20.000 Flugkilometer zurücklegt und damit mehrere Tonnen Kohlendioxid pro Person verursacht.

Zitat von Cem Özdemir:

Auf die Frage, wie er sich die Zukunft vorstellt: *»In zwanzig Jahren haben wir eine Grüne Bundeskanzlerin und ich berate die türkische Regierung bei der Frage, wie sie ihre Probleme mit der deutschen Minderheit an der Mittelmeerküste in den Griff bekommt.«*

> Quelle: Cem Özdemir auf einer Buchpräsentation von Hilke Gerdes laut Der Tagesspiegel, 16.04.2009. https://www.tagesspiegel.de/berlin/stadtleben/berliner-und-tuerken-tuerkisch-fuer-fortgeschrittene/1497172.html, abgerufen am 08.10.2020.

Anmerkung: Wunschvorstellung oder Ironie? Heute behauptet Cem Özdemir, dass er dies scherzhaft gemeint habe.

Ein weiteres Zitat von Cem Özdemir:

»Ach wissen Sie, wir kennen die Argumente. Die Argumente sind ja nicht ganz neu. Im Spitzenlastbereich, also nicht im Normallastbereich. Dann wenn der Energieverbrauch am Höchsten in Deutschland ist, ungefähr mittags zwischen 11 und 12, verbrauchen wir ungefähr 80 Gigabyte. Wir produzieren aber ungefähr 140 Gigabyte.«

Quelle: ARD-Brennpunkt, 15.03.2011, ca. 25:30 Minuten, https://www.tagesschau.de/multimedia/video/video877244.html, abgerufen am 22.12.2020

Anmerkung: Die Maßeinheit für Strom heißt Gigawatt, der Verbrauch wird in Gigawatt-Stunden (GWh) gemessen.

Ein weiteres Zitat von Cem Özdemir:

»In einer Woche könnte es sein, dass erstmals Nazis wieder in Deutschen Bundestag einziehen. Ist das kein Anlass zu sagen, es lohnt sich zu kämpfen - Ist das kein Anlass zu sagen, wir wollen alles dafür tun, dass ***diese Brut*** *[Hervorhebung durch den Autor] in diesem Land nichts zu sagen hat, liebe Freundinnen und Freunde!«*

Quelle: Grünen-Parteitag am 17.09.2017, https://www.youtube.com/watch?v=gJ_uPN4-__M (2 Stunden, 57 Minuten), abgerufen am 22.12.2020

Weitere Aktivitäten/Ämter:

2001 nahm Özdemir an dem Young-Leaders-Programm der Atlantik-Brücke e.V. teil.[258] 2011 gehörte er zu den prominenten Rednern auf einer Konferenz der Atlantik-Brücke e.V.[259] Özdemir ist Gründungsmitglied des European Council on Foreign Relations (ECFR).[260]

Er sitzt im Beirat des Berliner Büros des AJC. 2003 war er als Transatlantic Fellow beim US-Think Tank German Marshall Fund of the US in Washington DC und Brüssel.[261]

Außerdem ist er Gründungskurator der Amadeu Antonio Stiftung.[262]

Özoguz, Aydan – SPD (31.05.1967)

2001-2008	**Mitglied der Hamburgischen Bürgerschaft**
Seit 2004	**Mitglied der SPD**
Seit 2009	**Mitglied des Deutschen Bundestages**
2011-2017	**Stellvertretende SPD-Vorsitzende**
2013-2018	**Bundesministerin bei der Bundeskanzlerin und Beauftragte der Bundesregierung für Migration, Flüchtlinge und Integration**
Seit 2017	**Mitglied im SPD-Parteipräsidium und Parteivorstand**
Seit 2021	**Vizepräsidentin des Deutschen Bundestages**

Im Juli 2016 verzeichnete das Ausländerzentralregister 1475 verheiratete Jugendliche in Deutschland, wovon 361 jünger als 14 Jahre sind. Die meisten sind Syrer, auch Afghanen und Iraker sind darunter. Aydan Özoguz sprach sich im November 2016 gegen ein generelles Verbot von Kinderehen aus.[405]

Zitat von Aydan Özoguz:

»Kein Wunder, denn eine spezifisch deutsche Kultur ist, jenseits der Sprache, schlicht nicht identifizierbar. Schon historisch haben eher regionale Kulturen, haben Einwanderung und Vielfalt unsere Geschichte geprägt.«

Quelle: Tagesspiegel.de, 14. Mai 2017, https://causa.tagesspiegel.de/gesellschaft/wie-nuetzlich-ist-eine-leitkultur-debatte/leitkultur-verkommt-zum-klischee-des-deutschseins.html, abgerufen am 07.11.2021

Anmerkung: Das ist bedauerlich, wenn sie diese spezifisch deutsche Kultur nicht ausmachen kann. Integration misslungen? Das Deutsche nicht verstanden? Als Parlamentarierin tragbar?

Ein weiteres Zitat von Aydan Özoguz:

»Wenn wir aber auf die Syrer schauen, die jetzt als Asylsuchende zu uns kommen, da finden Sie top ausgebildete Fachkräfte.«

Quelle: Welt Online, 29.11.2014, »Ängste, dass plötzlich zuviel kommenkönnten«, https://www.welt.de/politik/deutschland/article134835320/Aengste-dass-ploetzlich-zu-viele-kommen-koennten.html, abgerufen am 23.11.2021

Zitat von Aydan Özoguz:

»Unsere Gesellschaft wird weiter vielfältiger werden, das wird auch anstrengend, mitunter schmerzhaft sein. Unser Zusammenleben muss täglich neu ausgehandelt werden.«

Quelle: Welt Online, 19.09.2015, Das ist der Masterplan zur Integration der Flüchtlinge, https://www.welt.de/politik/deutschland/article146582999/Das-ist-der-Masterplan-zur-Integration-der-Fluechtlinge.html, abgerufen am 23.11.2021

Pau, Petra (09.08.1963) - DIE LINKE

Seit 1983	**Mitglied der SED, umbenannt in PDS, heute DIE LINKE**
Bis 1990	**Mitarbeiterin beim Zentralrat der FDJ**
1991	**Stellvertretende Landesvorsitzende der PDS**
1992 -2001	**Landesvorsitzende der PDS Berlin**
1995-1998	**Mitglied des Abgeordnetenhauses von Berlin**
Seit 1998	**Mitglied des Deutschen Bundestages**
2000-2002	**Stellvertretende PDS-Vorsitzende**
Seit 2006	**Vizepräsidentin des Deutschen Bundestages**
2012-2017	**Obfrau des NSU-Untersuchungsausschusses**

Die Berliner PDS-Politikerin wurde 1998 zu einer Geldstrafe von 4.500 DM (ca. 2.250 Euro) wegen Hausfriedensbruch verurteilt. Zusammen mit einigen Parteigenossen, darunter Gregor Gysi und Lothar Bisky, war Pau am 30. November 1994 in die Berliner Außenstelle eines Bundesministeriums eingedrungen, um sich dort anzuketten. Mit dieser Aktion protestierte sie gegen einen Steuerbescheid in Höhe von 67 Millionen DM (ca. 33,5 Millionen Euro), den die PDS erhalten hatte.[179]

Ein weiteres Mal geriet die heutige Bundestagsabgeordnete und Vizepräsidentin des Deutschen Bundestages in die Schlagzeilen, als 2006 eine Traueranzeige für Markus Wolf, der 34 Jahre lang die Hauptabteilung Aufklärung (HVA) des Ministeriums für Staatssicherheit in der SED-Diktatur leitete, erschien. Diese lautete: *»Wir trauern um unseren Freund und Genossen, einen streitbaren Kämpfer, der aufrecht durch sein Leben ging.«* Unterzeichnerin war unter anderem Petra Pau. Der damalige stellvertretende CDU-Fraktionschef Arnold Vaatz warf Petra Pau vor: *»Morgen wären Sie vermutlich wieder bereit, jene demokratischen Regeln, in die Sie sich seit 1990 zu fügen haben, zu beseitigen, wenn Sie wie 1948 die Macht dazu hätten.«*[180]

Im Januar 2011 wurde bekannt, dass die Abgeordnete Petra Pau eine Sekretärin beschäftigte, die sechs Jahre lang haupt amtlich beim Ministerium für Staatssicherheit der DDR beschäftigt war. Die Sekretärin, SED-Mitglied in den 1980er wie Petra Pau, arbeitete für die Stasi bis zum Mauerfall.[181]

2012 wurde bekannt, dass Petra Pau unter Beobachtung durch das Bundesamt für Verfassungsschutz stand.[182]

Zitat von Petra Pau:

Zu der vom Verfassungsschutz beobachteten Kommunistische Plattform ihrer Partei äußert sich Petra Pau wie folgt:

»Ich will die Plattform oder andere Gruppierungen nicht ausschließen; sie gehören in die PDS, wie alle, die sich zu den konstituierenden Grundsätzen der PDS bekennen.«

Quelle: Neues Deutschland, 19. Mai 2000, laut Verfassungsschutzbericht 2000, Bundesministerium des Innern, 2001, Seiten 271-272, file:///C:/Users/admin/Downloads/verfassungsschutzbericht_2000.pdf, abgerufen am 03.05.2021

Ein weiteres Zitat von Petra Pau:

»Bei Verbrechen an Migranten müsste bei der polizeilichen Ermittlung in Zukunft immer ein rassistischer Hintergrund als Motiv vermutet werden, sagte Pau. Damit das auch funktioniere, solle diese Forderung in ein Gesetz fließen.«

Quelle: Leipziger Volkszeitung online, 07.01.2013, Podiumsdiskussion in Leipzig, https://www.lvz.de/Region/Mitteldeutschland/Podiumsdiskussion-in-Leipzig-Linkspartei-Politikerin-Pau-fordert-Debatte-ueber-Rassismus, abgerufen am 03.05.2021

Piechotta, Dr. med. Paula – BÜNDNIS 90/DIE GRÜNEN (19.09.1986)

Seit 2010	**Mitglied von BÜNDNIS 90/DIE GRÜNEN**
2014	**Erfolglose Kandidatur für den Stadtrat Jena**
2014	**Erfolglose Kandidatur für den Landtag in Thüringen**
2019	**Erfolglose Kandidatur für den Landtag Sachsen**
2021	**Erfolglose Kandidatur als Direktkandidatin für BÜNDNIS 90/DIE GRÜNEN zur Bundestagswahl**
Seit 2021	**Mitglied des Deutschen Bundestages, gewählt über die Landesliste**

Es dauerte gerade einmal bis zur konstituierenden Sitzung des Deutschen Bundestages, als Paula Piechotta negativ auf sich aufmerksam machte, als sie das Bändchen für die Einlasskontrolle zum Deutschen Bundestag in den Nationalfarben Schwarz-Rot-Gold auf Instagram als das »hässlichste Festivalbändchen aller Zeiten« bezeichnete, mit dem sie »ausnahmsweise« leben könne. Den Beitrag auf Instagram hat sie offensichtlich später gelöscht.

Zitat von Paula Piechotta:

»Gefühlt gestern noch als GJ gegen zu viele Nationalflaggen argumentiert, jetzt musst du hier das hässlichste Festivalbändchen aller Zeiten zu tragen.

Aber zeigt an, dass man 2G ist, und deswegen kann ich ausnahmsweise damit leben :)«

Quelle: bild.de, 26.10.2021, https://www.bild.de/video/clip/bild-tv/haesslichstes-festivalbaendchen-gruenen-politikerin-beleidigt-deutsche-flagge-78065414.bild.html, abgerufen am 06.11.2021

Riexinger, Bernd – DIE LINKE (30.10.1955)

2001-2012	**Geschäftsführer des ver.di Bezirks Stuttgart und Region**
2004	**Mitbegründer der Wahlalternative Arbeit und soziale Gerechtigkeit (WASG), später Zusammenschluss mit DIE LINKE**
2007-2012	**Landesvorsitzender in Baden-Württemberg der Partei DIE LINKE**
2012-2016	**Parteivorsitzender der Partei DIE LINKE mit Katja Kipping**
2016	**Erfolglose Kandidatur zum Landtag Baden-Württemberg**
Seit 2017	**Mitglied des Deutschen Bundestages**

Bernd Riexinger verursachte in Baden-Württemberg einen Wahlboykott gegen seine Partei zur Bundestagswahl 2021, als er am 10. August 2021 auf einer Parteiveranstaltung das neue Buch seiner Parteigenossin Sahra Wagenknecht, Die Selbstgerechten, attackierte. Sein Urteil war deutlich und bezeichnete Ihre Thesen als:

»Irre«, »abenteuerlich« und einiges sei »ziemlicher Quatsch«, »völlig falsch«, »ordoliberal«, »weitestgehend faktenlos«, »spießig-reaktionär« und dazu als eine »dürftige Analyse«.[406]

Szenenwechsel, Kassel:

Kommentar aus dem Publikum auf seiner Podiumsdiskussion der Partei DIE LINKE vom 29.02.2020 bis 01.03.2020:

»Energiewende ist auch nötig nach 'ner Revolution. Und auch wenn wir das eine Prozent der Reichen erschossen haben, ist es immer noch so, dass wir heizen wollen, wir wollen uns fortbewegen.«

Darauf begegnet Riexinger mit den Worten:

Zitat von Bernd Riexinger:

»*Wir erschießen sie nicht", wir setzen sie schon für nützliche Arbeit ein.*«

Quelle: Spiegel.de, 03.03.2020, https://www.spiegel.de/politik/deutschland/bernd-riexinger-wegen-aeusserung-zu-reichen-in-der-kritik-a-b2f55a92-e4f1-4a76-9084-dbac0e8f6b73 , abgerufen am 06.11.2021

Anmerkung: Später redete Riexinger sich damit heraus, dass er es scherzhaft gemeint hatte.

Röttgen, Dr. Norbert Alois (02.07.1965) - CDU

Seit 1982	**Mitglied der CDU**
1992-1996	**Landesvorsitzender der JU in NRW**
Seit 1994	**Mitglied des Deutschen Bundestages**
2009-2012	**Bundesminister für Umwelt, Naturschutz und Reaktorsicherheit**
2010-2012	**Landesvorsitzender der CDU in NRW**
2010-2012	**Stellvertretender Bundesvorsitzender der CDU**
2012	**CDU Spitzenkandidat für die Landtagswahl in NRW**
2012	**Verzicht auf das Abgeordnetenmandat nach erfolgloser Kandidatur zur Landtagswahl**
2020	**Erfolglose Kandidatur zum CDU-Vorsitzenden**

Norbert Röttgen äußerte sich als Spitzenkandidat der CDU für die Landtagswahl 2012 in NRW: *»... ich meine, ich müsste dann eigentlich Ministerpräsident werden.«* Dann folgt seine fatale Aussage: *»Bedauerlicherweise entscheidet nicht alleine die CDU darüber, sondern die Wähler entscheiden darüber.«*[188] Bedauerlicherweise?

Nach seinem Scheitern als CDU-Spitzenkandidat hatte Kanzlerin Merkel ihn aufgefordert, um seine Entlassung zu bitten. Dies lehnte Röttgen ab. Daraufhin erfolgte am 16. Mai 2012 der Rauswurf des Ministers.[189]

Am 10. September 2020 schrieb Norbert Röttgen, gemeinsam mit Andres Nick (MdB), einen Brief an den Bundesminister des Innern Horst Seehofer u.a. mit folgendem Wortlaut: *»Wir bitten Sie darum, dass Deutschland möglichst gemeinsam mit anderen EU-Staaten, aber notfalls auch alleine, 5000 Flüchtlinge vom griechischen Festland aufnimmt.«*[190]

Weitere Aktivitäten/Ämter:

Norbert Röttgen ist stellvertretender Vorsitzender der Atlantik-Brücke e.V., Mitglied des Präsidiums der Deutschen Gesellschaft für Auswärtige Politik e.V. (DGAP) und Mitglied des Kuratoriums des European Council on Foreign Relations (ECFR).[191] 2014 war Röttgen Teilnehmer auf der Bilderbergkonferenz in Kopenhagen, Dänemark.[192]

Roth, Claudia (15.05.1955) – BÜNDNIS 90/ DIE GRÜNEN

1971-1990	**Mitglied der Jungdemokraten**
1983	**Mitglied der SPD**
1985-1989	**Pressesprecherin der Grünen im Deutschen Bundestag**
1989-1998	**Mitglied des Europäischen Parlaments**
Seit 1994	**Fraktionsvorsitzende von BÜNDNIS 90/ DIE GRÜNEN**
1998-2001	**Mitglied des Deutschen Bundestages**
2001-2002	**Parteivorsitzende von BÜNDNIS 90/ DIE GRÜNEN**
Seit 2002	**Mitglied des Deutschen Bundestages**
2004-2013	**Bundesvorsitzende der Partei BÜNDNIS 90/ DIE GRÜNEN**
Seit 2013	**Vizepräsidentin des Deutschen Bundestages**
Seit 2021	**Kulturstaatsministerin der Bundesrepublik Deutschland**

Im Jahre 2000 beauftragte der EU-Rechnungshof den Chef des Antikorruptionsamtes, Franz-Hermann Brüner, einen Betrugsverdacht in der Grünen-Fraktion des Europäischen Parlaments zu untersuchen. Die europäische Fraktion der Grünen hatte in den Jahren 1997 und 1998 keine korrekten Rechenschaftsberichte für EU-Mittel in Höhe von 6,5 Millionen DM vorgelegt. Doch wie sich herausstellte, ließ Franz-Hermann Brüner es nie zu einem Verfahren kommen.[277]

Zu den Verantwortlichen gehörte u.a. die Fraktionsvorsitzende der EU-Grünen Claudia Roth.[278]

Brüners vorgesetzte Kommissarin, die deutsche GRÜNEN-Politikerin Michaele Schreyer wies die Vorwürfe zurück, Einfluss auf Brüners Arbeit genommen zu haben. Als Heide Rühle 1999 das Amt der Schatzmeisterin antrat, zeigte sie sich entsetzt über das Finanzchaos. Gehälter von Fraktionsbeamten wurden umverteilt, angeblich wurden Gelder für Gehälter auch anderweitig genutzt.[279]

Claudia Roth kandidiert auf der bayerischen Landesliste von BÜNDNIS 90/DIE GRÜNEN zur Bundestagswahl 2021.

Zitat von Claudia Roth:

»Heute vor zwei Jahren ereignete sich die verheerende Atom-Katastrophe von Fukushima, die nach Tschernobyl ein weiteres Mal eine ganze Region und mit ihr die ganze Welt in den atomaren Abgrund blicken ließ. Insgesamt starben bei der Katastrophe in Japan 16.000 Menschen, mehr als 2.700 gelten immer noch als vermisst ...«

Quelle: Veröffentlichung auf Ihrer Facebook-Seite am 11.03.2013, https://www.facebook.com/Roth/posts/heute-vor-2-jahren-ereignete-sich-die-verheerende-atom-katastrophe-von-fukush/10151525525735664, abgerufen am 10.10.2020

Anmerkung: Die traurige Bilanz der Todesopfer in Fukushima liegt laut Sciene Direct bei 730-1.260 Toten. Die von Frau Roth genannten Zahlen entsprechen den Opferzahlen, die laut Polizeiangaben das Tohoku-Erdbeben 2011 verursacht hat. Wenn Claudia Roth sich hier bereits um ein Zehnfaches irrt, wie sind ihre anderen Aussagen zu werten?

https://www.sciencedirect.com/science/article/abs/pii/S0048969714012819?via%3Dihub, abgerufen am 22.12.2020, https://de.wikipedia.org/wiki/Tohoku-Erdbeben_2011#cite_note-Keisatsu-cho-1, abgerufen am 22.12.2020

Ein weiteres Zitat von Claudia Roth:

»Mit Verlaub, mit Atomenergie kann man im Winter nicht heizen.« und ergänzte diese Aussage mit: *»Man sollte uns auch nicht für blöder verkaufen, als wir im Schnitt sind.«*

Quelle: Welt.de, 10.01.2009, https://www.welt.de/welt_print/article3002440/Macht-doch-nicht-so-n-Theater-Claudia-Roth.html, abgerufen am 22.12.2020

Verbindungen/weitere Ämter:

Claudia Roth war von 2005 bis 2010 Mitglied der Atlantik-Brücke e.V.

Schäuble, Dr. Wolfgang (18.09.1942) - CDU

1961	**Eintritt in die Junge Union**
1963/64	**Vorsitzender des Rings Christlicher Demokratischer Studenten in Hamburg und Freiburg**
Seit 1965	**Mitglied der CDU**
Seit 1972	**Mitglied des Deutschen Bundestages**
1984-1989	**Bundesminister für besondere Aufgaben und Chef des Bundeskanzleramtes**
1989-1991	**Bundesminister des Innern**
1991-2000	**Vorsitzender der CDU/CSU-Fraktion im Deutschen Bundestag**
1998-2000	**Parteivorsitzender der CDU**
2002-2005	**Stellvertretender Vorsitzender der CDU/CSU-Bundestagsfraktion**
2005-2009	**Bundesminister des Innern**
2009-2017	**Bundesminister der Finanzen**
Seit 2017	**Präsident des Deutschen Bundestages**

Am 3. November 1999 wurde gegen den damaligen Schatzmeister der CDU, Walter Leisler Kiep, ein Haftbefehl erlassen. Ihm wurde vorgeworfen 1991 im Zusammenhang mit einem Rüstungsgeschäft von dem Waffenhändler Karlheinz Schreiber eine Million Deutsche Mark (ca. 500.000 Euro) erhalten und nicht versteuert zu haben. Die CDU-Spendenaffäre nahm ihren Lauf und Wolfgang Schäuble war mitten drin.

Am 2. Dezember 1999 wurde Schäuble im Deutschen Bundestag gefragt, ob er den Waffenhändler Schreiber getroffen hätte. Daraufhin Schäuble: »*Brigitte Baumeister hat damals – dies war irgendwann im Spätsommer oder im Frühherbst 1994 – Persönlichkeiten zu einem Gesprächsabend in einem Hotel in Bonn eingeladen und sie mit dem Fraktionsvorsitzenden – dies war ich damals wie heute – zusammengebracht. Während dieses Gesprächsabends habe ich einen Herrn kennengelernt, der sich mir als ein Mann vorgestellt hat, der ein Unternehmen leitet. Ich habe später festgestellt, dass es dieser Herr Schreiber war [...] Auf der damaligen Veranstaltung bin ich Herrn Schreiber begegnet. Das war es.«*[193]

Offensichtlich war es das nicht, denn am 10. Januar 2000 gibt Wolfgang Schäuble auch zu, 1994 von dem Waffenhändler Karlheinz Schreiber eine Barspende über 100.000 Deutsche Mark (ca. 50.000 Euro) bekommen zu haben, die parteiintern als *»sonstige Einnahme«* verbucht wurde. Daraufhin erklärte Schäuble einen Monat später, nicht wieder als CDU-Partei- und Fraktionschef zu kandidieren.[194]

Am 1. Februar 2000 meldete der Spiegel, dass zwischen Schäuble und dem Waffenhändler Karlheinz Schreiber ein zweites Zusammentreffen am 2. Juni 1995 stattgefunden hatte, obwohl er bisher stets betont hatte, den Waffenhändler nur einmal getroffen zu haben. An dieses Treffen konnte sich Schäuble aber bereits im Jahr 2000 nicht mehr erinnern.[195]

Es ist schon eine Ironie, dass ausgerechnet dieser Wolfgang Schäuble später Bundesfinanzminister wurde und danach Präsident des Deutschen Bundestages. In dieser Eigenschaft hatte er über die Einhaltung des Parteienfinanzierungsgesetzes und die korrekte Meldung von Spenden an die im Bundestag vertretenen Parteien zu wachen.

Verbindungen/weitere Ämter:

Wolfgang Schäuble war 2003[196] und 2016[197] Teilnehmer auf den Bilderberg-Treffen und ist Mitglied der Europa-Union Deutschland e.V.[198]

Zitat von Wolfgang Schäuble:

»Die Politik muss eine europäische Armee viel schneller voranbringen. Mit einzelnen gemeinsamen Brigaden ist es nicht getan. Die Zusammenarbeit der Parlamente in Deutschland und Frankreich wie die vereinbarte Einrichtung einer gemeinsamen Kammer von

Assemblée nationale und Bundestag kann hier sehr hilfreich sein. Wir müssen überzeugend erklären, dass es in der Verteidigungspolitik gemeinsam besser geht. Dann bleibt den Nationalisten und Demagogen nicht viel Raum.«

Quelle: Berliner Morgenpost online, 04.03.2019, Schäuble; »Annegret Kramp-Karrenbauer macht das sehr gut«, https://www.morgenpost.de/politik/article216564891/Wolfgang-Schaeuble-lobt-Annegret-Kramp-Karrenbauer.html, abgerufen am 23.11.2021

Scholz, Olaf (14.06.1958) - SPD

Seit 1975	Mitglied der SPD
1982-1988	Stellvertretender Vorsitzender der Jungsozialisten (Juso)
1998-2001	Mitglied des Deutschen Bundestages
2000-2004	Vorsitzender der SPD Hamburg
2001	Innensenator der Freien und Hansestadt Hamburg
2001-2019	Mitglied im SPD Parteivorstand
2002-2011	Mitglied des Deutschen Bundestages
2005-2007	Erster Parlamentarischer Geschäftsführer der SPD-Bundestagsfraktion
2007-2009	Bundesminister für Arbeit und Soziales
2009-2011	Stellvertretender Vorsitzender der SPD Bundestagsfraktion
2009-2018	Vorsitzender der SPD Hamburg

2009-2018	**Stellvertretender Vorsitzender der SPD**
2011-2018	**Erster Bürgermeister der Freien und Hansestadt Hamburg**
2018	**Kommissarischer Parteivorsitzender der SPD**
2018-2019	**Stellvertretender Parteivorsitzender der SPD**
Seit 2018	**Bundesminister der Finanzen und stellvertretender Bundeskanzler**
2019	**Erfolglose Kandidatur zum SPD-Parteivorsitzenden**
Seit 2021	**Bundeskanzler**

Seit seiner Jugend ist Olaf Scholz tiefrot eingefärbt und damit ein glühender Marxist.

Laut Handelsblatt schrieb Scholz in der Zeitschrift für sozialistische Politik und Wirtschaft. *»Darin schimpfte er über die „aggressiv-imperialistische Nato", die Bundesrepublik als „europäische Hochburg des Großkapitals" und über die sozialliberale Koalition, die den „nackten Machterhalt über jede Form der inhaltlichen Auseinandersetzung" stelle.«*[204]

Ein leidiges Thema in dessen Zusammenhang Olaf Scholz immer genannt wird, sind die sogenannten Cum-Ex-Geschäfte. Dabei handelt es sich um ein bewusstes Verwirrspiel. Kurz erklärt ging es um Leerkäufe der Gesellschaften rund um den Stichtag der Gewinnausschüttung. Dadurch war zeitweise nicht ersichtlich, wer die 25-prozentige Kapitalsteuer für die Gewinnausschüttung abgeführt hat. So wurden Bescheinigungen darüber mehrfach ausgestellt, obwohl die Steuer nur einmal gezahlt wurde.

Daraus wurde der heute bekannte Cum-Ex-Skandal, der mittlerweile Medien, Staatsanwaltschaft, Politiker und den entsprechenden Untersuchungsausschuss beschäftigt. Für den Untersuchungsausschuss in Hamburg sind die Wirtschaftsjahre 2016 und 2017 der Warburg Bank (gegen die ermittelt wird) relevant. In dieser Zeit war Olaf Scholz regierender Bürgermeister in Hamburg.

Hamburger Finanzbeamte wollten 2016 rund 47 Millionen Euro für das Wirtschaftsjahr 2009 von der Warburg Bank zurückfordern, die aus illegalen Geschäften stammen sollen. Die Behörde änderte jedoch ihre Meinung und verzichtete auf die 47 Millionen Euro, die mittlerweile verjährt waren, was zu Ermittlungen der Staatsanwaltschaft in Köln führte. 2017 fand ein ähnliches Schauspiel statt. Diesmal ging es um das Jahr 2010 und um 43 Millionen Euro. Das hat in der Hamburger Behörde zu einem heftigen Streit geführt. Das Bundesfinanzministerium hat diesmal die Behörde per Weisung gezwungen, die Forderung nicht verjähren zu lassen.

Bundesfinanzminister Scholz und seine Treffen mit den Eignern der Warburg Bank könnten zu dem Streit in der Behörde beigetragen haben. Fest steht, dass die Warburg-Banker sich mehrfach mit Scholz getroffen haben und über das Steuerthema gesprochen wurde. Vor dem Untersuchungsausschuss berief sich Scholz auf mangelndes Erinnerungsvermögen. Er konnte rekonstruieren, dass es drei Treffen und ein Telefonat mit den Bankgesellschaftern gegeben hatte. An Inhalte könne er sich nicht erinnern und das Bürgermeisterbüro sei keine aktenführende Stelle und daher gäbe es auch keine schriftlichen Unterlagen.[205]

Unter Berufung auf einen SPD-Parteisprecher wurde bekannt, dass ein Tochterunternehmen der Warburg Bank im Jahr 2017 insgesamt 45.500 Euro an die SPD in Hamburg gespendet hatte. Ob ein Zusammenhang mit der Verjährung und der Parteispende besteht, wird wahrscheinlich immer offenbleiben.[206]

Auch in Sachen Wirecard-Skandal stand Olaf Scholz Rede und Antwort vor dem Untersuchungsausschuss.

Der Wirecard-Konzern war 2020 nach Bekanntwerden milliardenschwerer Luftbuchungen pleite gegangen. Die Staatsanwaltschaft München ermittelt wegen Geldwäsche, Marktmanipulation, Betrug und Bilanzfälschung. Dem Finanzministerium und der Bundesanstalt für Finanzdienstaufsicht (BaFin) werden Versagen in diesem Fall vorgeworfen.[207] Im Untersuchungsausschuss wurde Scholz als Zeuge befragt. Dort gab er an, dass er dienstliche und private Kommunikation eigentlich konsequent trennt. Ihm wurden zwei E-Mails zum Thema Wirecard vorgelegt, die Scholz nicht von seinem dienstlichen Account geschrieben hatte. Dazu wurde angemerkt, dass es davon ja noch mehr geben kann. Scholz wurde aufgefordert weitere relevante Kommunikation nachzuliefern, worauf er erwiderte, dass er nichts Weiteres vorlegen könne. Dazu Matthias Hauer CDU, Obmann im Untersuchungsausschuss: »*Aber das Vorenthalten persönlicher Kommunikation des Ministers ist eine neue negative Qualität. Herr Scholz steht bei der Aufklärung von Anfang an auf der Bremse und sucht Fehler nur dort, wo er nicht beteiligt ist. Das ist nicht hinnehmbar.*«[208]

Zur Erinnerung: 1985 sprach sich der Bundeskongreß der Jungsozialisten (Jusos) für die volle Anerkennung der Staatsbürgerschaft der DDR durch die BRD aus. In völliger übereinstimmung wurde eine entsprechende Resolution angenommenen und die Jungsozialisten stellten fest: »Heute, 40 Jahre nach der Befreiung des deutschen Volkes vom Faschismus, sind neue Verhältnisse und Realitäten entstanden. Eine wirklich 'offene deutsche Frage' existiert nicht mehr.« Die Jungsozialisten forderten die endgültige und verbindliche Anerkennung der nach 1945 entstandenen Grenzen und die vertragliche Festlegung des Grenzverlaufs zwischen BRD und DDR. Der damalige stellvertretende Bundesvorsitzende bei den Jungsozialisen war Olaf Scholz.[427]

Dass die offene Frage doch noch existierte zeigte spätestens der 9. November 1989, also wenige Jahre später.

Zitat von Olaf Scholz:

Beitrag von Olaf Scholz auf Twitter am 01.04.2019:

„Wenn wir unseren „European way of life" bewahren wollen, müssen wir uns in der #EU enger zusammenschließen: Heute bei der Europa-Union München.«

Quelle: Olaf Scholz auf Twitter, 01.04.2019, https://twitter.com/OlafScholz/status/1112794735532544007?s=20, abgerufen am 08.05.2021

Verbindungen/weitere Ämter:

Olaf Scholz war 2010 auf dem Treffen der Bilderberger in Sitges, Spanien.[209] Er nahm mehrfach an Veranstaltungen der DGAP teil, so z.B. in den Jahren 2014[210] und 2016.[211]

Sitte, Dr. Petra (01.12.1960) - DIE LINKE

Seit 1981	**Mitglied der SED, dann PDS und DIE LINKE**
1988-1989	**Zweite Sekretärin der FDJ-Kreisleitung**
1990-1991	**Mitglied der Stadtverordnetenversammlung Halle (Saale)**
1990-2004	**Vorsitzende der PDS-Fraktion im Landtag Sachsen-Anhalt**
1990-2005	**Mitglied des Landtages Sachsen-Anhalt**
1997-2002	**Mitglied des Bundesvorstandes der PDS**
2004-2014	**Mitglied des Stadtrats Halle (Saale)**
Seit 2005	**Mitglied des Deutschen Bundestages**
Seit 2012	**Mitglied im Vorstand der Rosa-Luxemburg-Stiftung**
2013-2017	**Erste parlamentarische Geschäftsführerin der Linksfraktion im Deutschen Bundestag**

Obwohl sie als Mitglied des Landtags in Sachsen-Anhalt monatliche Bezüge von etwa 13.000 DM (ca. 6500) erhielt, wurde die damalige Landtagsabgeordnete dabei erwischt, wie sie in einem Drogeriemarkt eine Cremedose in ihre Tasche steckte. Dieser Diebstahl blieb für sie allerdings ohne politische Folgen und heute ist sie Bundestagsabgeordnete für die Partei DIE LINKE.[215] Bereits 1981 trat sie der SED bei und promovierte 1987 mit einer Arbeit über die Führung der SED in Halle bei der Weiterentwicklung der sozialistischen Produktionsverhältnisse.[216]

Spahn, Jens (16.05.1980) - CDU

Seit 1995	**Mitglied der Jungen Union**
Seit 1997	**Mitglied der CDU**
1999-2006	**Kreisvorsitzender der Jungen Union Borken**
Seit 2002	**Mitglied des Deutschen Bundestages**
Seit 2005	**Vorsitzender des CDU-Kreisverbandes Borken**
2005-2009	**Obmann für die CDU/CSU-Bundestagsfraktion im Gesundheitsausschuss**
Seit 2012	**Mitglied des Bundesvorstandes der CDU**
2015-2018	**Parlamentarischer Staatssekretär im Bundesministerium der Finanzen**
Seit 2018	**Bundesminister für Gesundheit**

Nachdem Jens Spahn 2012 das European-Young-Leader-Programm (EYL49) der Friends of Europe absolviert hatte, wurde er im Dezember 2014 ins Präsidium der CDU gewählt.[217] Bevor Jens Spahn 2018 Bundesminister für Gesundheit wurde, nahm er in der Zeit vom 1.-4. Juni 2017 am Bilderberg-Treffen in Chantilly, USA teil[218] und hatte zuvor 2016 das Young-Global-Leader-Programm des Weltwirtschaftsforums absolviert.[219]

Spahn sitzt an der Quelle, was neue Gesetze und Reformen im Gesundheitsbereich anbelangt. Bereits im April 2006 gründete Jens Spahn mit Max Müller (mehrere Jahre Referent für die CDU im Bundestag)[220] und Markus Jasper (Leiter von Spahns Abgeordnetenbüro)[221] eine Gesellschaft bürgerlichen Rechts, der die Agentur Politas gehörte, einer Agentur, die vor allem Klienten aus dem Medizin- und Gesundheitssektor berät. Spahn war bis 2010 an dieser Gesellschaft beteiligt, also in einer Zeit, in der er bereits im Gesundheitsausschuss saß.

Masken-Deal

Im März 2018 wurde Spahn Bundesminister für Gesundheit. Max Müller war seit 2013 Vorstandsmitglied bei der niederländischen Versandapotheke DocMorris.[222]

Im März 2020 hat Spahn von seinem alten Freund Max Müller Schutzmasken angeboten bekommen, die er dann auch als Bundesminister für Gesundheit bestellt hat. Maskenlieferant war dabei die DocMorris-Tochter Centropharm. Vorwürfe, ob es einen Interessenkonflikt gebe, wenn der Gesundheitsminister mit Steuergeldern bei seinen Freunden bestellt, wies Spahn zurück, schließlich gab es eine Notlage.[223]

Nebeneinkünfte

Jens Spahn war der prominenteste und gleichzeitig umstrittenste Beteiligte an der Pareton GmbH, die eine Software für die Abgabe von Steuererklärungen entwickelt. Der heutige Bundesgesundheitsminister, der im August 2016 als amtierender Finanzstaatssekretär 1,25 % der Anteile an der Firma erworben hatte, musste heftige Kritik einstecken, als dies öffentlich wurde.

Nicht nur das:

Im September 2017 hat das Polizeipräsidium Ludwigsburg Ermittlungen gegen M. R., den Gründer der Pareton GmbH, eingeleitet, weil er zwischen Januar und Juni 2018 *»zweifelhafte und fragwürdige Zahlungen«* in Höhe von mehr als 12.000 Euro über Geschäftskonten getätigt habe, heißt es in der Anzeige. Ein Jahr später musste Pareton Insolvenz anmelden, den Geschäftsbetrieb einstellen und den einzigen Mitarbeiter entlassen.[224]

2017 hatte der damalige Finanzstaatssekretär Jens Spahn angekündigt, seine Anteile an dem Steuersoftware-Unternehmen Pareton GmbH wieder zu verkaufen.[225]

Das Versagen in der Not

Der Lobbyist und Villenbesitzer Jens Spahn hat auch als Gesundheitsminister nicht gerade Glanzleistungen vollbracht. Inwieweit er dafür mitverantwortlich ist, dass sich die Pandemie in Deutschland so schleppend bekämpfen lässt, muss noch geklärt werden.

Die Corona-Warn-App

Im Juni 2020 präsentierte Jens Spahn die mehr als 50 Millionen Euro teure Corona-Warn-App. Trotz der enormen Kosten bietet die von Spahn favorisierte App nur eingeschränkte Funktionen und fand nicht wirklich Anklang.[226]

Masken

Im Frühjahr 2020 standen wir in Deutschland mehr oder weniger ohne Schutzmasken da – erst recht ohne FFP2-Masken - obwohl Schutzmasken bereits in der »Risikoanalyse im Bevölkerungsschutz 2012« des Deutschen Bundestages in Bezug auf eine SARS-Pandemie empfohlen wurden.[227] Wie in einem Entwicklungsland wurde 2020 in den Haushalten genäht, was das Zeug hält, um wenigstens etwas Schutz zu haben.

Dann wurden massenhaft Masken in aller Welt bestellt, wobei 40 Prozent der Masken fehlerhaft gewesen sein sollen, weswegen anschließend noch Millionenbeträge für Gerichtsverfahren und Anwaltskosten gezahlt werden mussten.[228] Wir sprechen hier von FFP2-Masken, dabei hätte es die deutsche Bevölkerung verdient, kostenlos mit FFP3-Masken ausgerüstet zu werden.

Schnelltests

Spahn kündigte an, dass zum 1. März 2021 kostenlose Schnelltests für alle in Aussicht gestellt werden. Bekanntlich konnte er sein Versprechen nicht halten[229] und die Menschen zahlten anfänglich für ihre Schnelltests in Apotheken und Supermärkten

Impfungen

Auch bei den Impfungen lief alles anders, als unsere Bevölkerung es verdient hat. Nachdem Impfstoffe entwickelt wurden, durfte unsere Bevölkerung zusehen, wie in Deutschland entwickelte Impfstoffe in der Welt verimpft wurden und in Deutschland gab es gewaltige Engpässe. Bis zum Sommer 2021 sollten nach langer Verzögerung und kläglichem Versagen alle Deutschen ein Impfangebot bekommen.

Selbst dieses Datum konnte nicht gehalten werden und wurde auf den 22. September 2021[230] korrigiert und somit genau vier Tage vor die Bundestagswahl gelegt.

Immobilien

Offiziellen Berichten zufolge soll Jens Spahn Journalisten über deren Recherche zu seinen Immobiliengeschäften ausgeforscht haben. Diese Information soll aus einem Schreiben von Spahns Rechtsanwälten an das Amtsgericht Schöneburg hervorgehen. Demnach soll Spahn Schriftverkehr, Namen und weitere Daten der Pressevertreter vom Grundbuchamt gefordert haben.[231]

Vorausgegangen war eine juristische Auseinandersetzung Spahns mit der Presse, weil diese über den Kaufpreis seiner Villa berichtet hatte. Demzufolge hatte Jens Spahn mit seinem Ehemann eine Villa zu einem Kaufpreis von 4,125 Milliarden Euro erworben. Im Rahmen der Auseinandersetzung wurde bekannt, dass Spahn noch zwei weitere Wohnungen gekauft haben soll. Das Interessante daran ist, dass er eine dieser Wohnungen für ca. eine Million Euro von einem Ex-Pharma-Manager erworben haben soll. Diesen Ex-Pharma-Manager soll er später an die Spitze einer mehrheitlich bundeseigenen Firma berufen haben.[232]

Verbindungen/weitere Ämter:

Jens Spahn ist Young Global Leader des Weltwirtschaftsforums.[233]
2017 war er Teilnehmer bei dem Bilderbergtreffen in Chantilly, USA.[234]

Steinke, Kersten (07.12.1958) - Die Linke

Seit 1981	**Mitglied der SED, später PDS und DIE LINKE**
1989-1991	**Kreisvorsitzende der PDS Artern**
1995-1998	**Stellvertretende Landesvorsitzende der PDS Thüringen**
1998-2006	**Mitglied und Sprecherin des Bundesparteirates DIE LINKE**
1998-2002	**Mitglied des Deutschen Bundestages**
2004-2005	**Mitglied des Thüringer Landtages**
Seit 2005	**Mitglied des Deutschen Bundestages**
2006-2010	**Mitglied des Parteivorstandes DIE LINKE**
2008-2010	**Mitglied des geschäftsführenden Vorstandes der Partei DIE LINKE**

Mit Geschick hat es die Partei DIE LINKE geschafft, sich als linke Kraft in Deutschland und im Deutschen Bundestag zu etablieren. Doch ihre Wurzeln liegen nach wie vor in der DDR – das merkt man bis heute. Mit Kersten Steinke, geborene Naumann, sitzt noch immer ein altes SED-Mitglied (seit 1981) im Deutschen Bundestag.

So verwundert es nicht, dass sie 2013 bei einer Vereinigung ehemaliger Stasi-Mitarbeiter (Initiativgemeinschaft zum Schutz der sozialen Rechte ehemaliger Angehöriger bewaffneter Organe und der Zollverwaltung der DDR, kurz ISOR) auftrat. Seit längerer Zeit fordert der Verein ISOR höhere Renten für ehemalige DDR-Systemträger.[430]

[430] ntv.de, 30.07.2013, Linke wirbt bei Ex-Stasi-Leuten um Stimmen, https://www.n-tv.de/politik/Linke-wirbt-bei-Ex-Stasi-Leuten-um-Stimmen-article11087026.html, abgerufen am 03.11.2021

Stegner, Dr. Ralf – SPD (02.10.1959)

Seit 1982	Mitglied der SPD
1990-1994	Pressesprecher des Sozialministerium Schleswig-Holstein
1996-1998	Staatssekretär für Arbeit, Soziales und Gesundheit in Schleswig-Holstein
2003-2005	Finanzminister Schleswig-Holstein
2005-2008	Innenminister Schleswig-Holstein
2005-2007	Mitglied im Landesvorstand der SPD Schleswig-Holstein
2005-2021	Mitglied des Landtags Schleswig-Holstein
2005-2019	Mitglied des Parteivorstandes der SPD
2007-2009	Landesvorsitzender der SPD Schleswig-Holstein
2007-2019	Mitglied des Präsidiums der SPD

2008-2021	**Fraktionsvorsitzender der SPD Landtagsfraktion Schleswig-Holstein**
2009	**Spitzenkandidat der SPD in Schleswig-Holstein**
2014-2019	**Stellvertretender Bundesvorsitzender der SPD**
Seit 2021	**Mitglied des Deutschen Bundestages**

Die SPD verlor bei der Landtagswahl 2009 in Schleswig-Holstein 13,3 Prozentpunkte und erzielte mit 25,4 Prozent ihr schlechtestes Ergebnis. Der damalige Spitzenkandidat: Ralf Stegner.[407]

Bei der Wahl zum SPD-Vorsitz im Jahr 2019 belegte das Kandidatenduo mit Gesine Schwan den letzten Platz mit nur 9,6 Prozent der Stimmen. Gesine Schwan bewarb sich zusammen mit Ralf Stegner.[408]

2009 kündigte die CDU in Schleswig-Holstein den Koalitionsvertrag mit der SPD. Für den Bruch der Koalition machte die CDU Ralf Stegner verantwortlich. CDU-Fraktionschef Wadephul bescheinigte Stegner »politisch schizophrenes« Verhalten.[409]

2010 geriet der damalige SPD-Landeschef Ralf Stegner wegen seines Umgangs mit Einkünften als Aufsichtsratsmitglied der HSH Nordbank in Betrugsverdacht. Auslöser war Stegners Umgang mit Einkünften aus seiner Aufsichtsrats-Tätigkeit. Er war während seiner Amtszeit als Innenminister des Landes Mitglied des Aufsichtsrats der HSH Nordbank. Für 2007 hatte er von der Bank insgesamt 14.375 Euro erhalten. Gemäß Verordnung stehen Ministern in Schleswig-Holstein nur maximal 5.550 Euro an Vergütungen zu, der Rest muss an die Landeskasse abgeführt werden. Die Kieler Staatsanwaltschaft leitete gegen Stegner ein Ermittlungsverfahren ein. Stegner räumte später einen »Rechtsirrtum« seinerseits ein und überwies das Geld an die Landeskasse.[410]

Weniger glimpflich ging ein Verfahren gegen Stegner aus dem Jahr 2016 aus. Auf Antrag des AfD-Landesverbandes Rheinland-Pfalz erließ das Hamburger Landgericht eine einstweilige Verfügung (30. Marz 2016) gegen Stegner, die ihm untersagt, eine Äußerung nicht zu wiederholen, mit der er der AfD unterstellte, sie sei für eine Todesstrafe für demokratische Politiker. Bei Zuwiderhandlung droht Ralf Stegner ein Ordnungsgeld bis zu 250 000 Euro.[411]

Zitat von Ralf Stegner:

»Fakt bleibt, man muss Positionen und Personal der Rechtspopulisten attackieren, weil sie gestrig, intolerant, rechtsaußen und gefährlich sind!«

Quelle: Twitter-Account von Ralf Stegner, 8.05.2016, https://twitter.com/Ralf_Stegner/status/729212590874841088, abgerufen am 4.11.2021

Anmerkung: Wenn das mal nicht eine Aufstachelung zu Gewalt ist.

Ein weiteres Zitat von Ralf Stegner:

Auf das Twitter-Posting des damaligen Spiegel-Redakteurs Jan Fleischhauer, *»Wer sagt, der schwarze Block sei nicht links, muss es später akzeptieren, dass einer erklärt, Nazis hätten nichts mit rechtem Denken zu tun.«*, antwortet Ralf Stegner am 08.07.2017 auf Twitter:

» Das ist falsch. Anständige Linke hatten noch nie was mit Gewalttätern gemein. Bei Rechten gehört Gewalt dagegen zur politischen DNA.«

Quelle: Twitter-Account von Ralf Stegner, 8.07.2017, https://twitter.com/ralf_stegner/status/883691739600564226?lang=de, abgerufen am 4.11.2021

Ein weiteres Zitat von Ralf Stegner:

In seinem Twitter-Beitrag vom 15. Februar 2010 kritisierte er Guido Westerwelle (FDP) und verglich ihn mit dem früheren österreichischen FPÖ-Chef Jörg Haider.

»In der Hartz IV Debatte outet sich Guido Westerwelle als Jörg Haider der deutschen Politik.«

Quelle: Twitter-Account von Ralf Stegner, 15.02.2010, https://twitter.com/Ralf_Stegner/status/9131410162, abgerufen am 4.11.2021

Straubinger, Max (12.08.1954) – CSU

1970	**Eintritt in die Junge Union**
1972	**Eintritt in die CSU**
Seit 1994	**Mitglied des Deutschen Bundestages**
2002-2013	**Stellvertretender Vorsitzender der CSU-Landesgruppe im Deutschen Bundestag**
2013-2017	**Geschäftsführer der CSU-Landesgruppe im Deutschen Bundestag**

Am 22. April 2020 unterrichtete das Präsidium des Deutschen Bundestages über die Feststellung von Verstößen gegen die Verhaltensregeln durch den CSU-Abgeordneten Max Straubinger (Drucksache 19/17700).[235] Straubinger verstieß viele Jahre gegen die Transparenzpflichten der Abgeordneten. Demnach sind Nebeneinkünfte innerhalb von drei Monaten dem Bundestagspräsidenten zu melden. Bei Straubinger gingen die Fristüberschreitungen allerdings teilweise über mehrere Jahre.

Straubinger gehört zu den einflussreichsten CSU-Abgeordneten im Deutschen Bundestag. 2006 klagte er erfolglos vor dem Bundesverfassungsgericht gegen die Einführung von Offenlegungspflichten bei Nebeneinkünften.[236]

Veröffentlichungspflichtige Angaben:

Straubinger war bis zum 30. September 2019 Generalvertreter der Allianz Beratungs- und Vertriebs AG in München und ist Mitglied des Beirates für sparkassenpolitische Grundsatzfragen des Sparkassenverbandes Bayern in München.[237]

Trittin, Jürgen (25.07.1954) - BÜNDNIS 90/DIE GRÜNEN

1970er	**Kommunistischer Bund (KB)**
Seit 1980	**Mitglied der GRÜNEN**
1985-1990	**Mitglied des Landtages Niedersachsen**
1990-1994	**Niedersächsischer Minister für Bundes- und Europaangelegenheiten**
1994-1995	**Mitglied des Landtages Niedersachsen und stellvertretender Fraktionsvorsitzender der Landtagsfraktion von BÜNDNIS 90/ DIE GRÜNEN**
1994-1998	**Sprecher des Bundesvorstandes von BÜNDNIS 90/DIE GRÜNEN**
Seit 1998	**Mitglied des Deutschen Bundestages**
1998-2005	**Bundesminister für Umwelt, Naturschutz und Reaktorsicherheit**
2005-2009	**Stellvertretender Vorsitzender der Bundestagsfraktion BÜNDNIS 90/DIE GRÜNEN**
2009-2013	**Vorsitzender der Bundestagsfraktion BÜNDNIS 90/DIE GRÜNEN**
Seit 2017	**Mitglied im Auswärtigen Ausschuss. Mitglied der Parlamentarischen Versammlung der NATO**

Der GRÜNEN-Politiker Jürgen Trittin soll in seinem Amt als Bundesumweltminister ohne Ausschreibung mehrere Aufträge seines Ministeriums an die Wahlkampfagentur der GRÜNEN vergeben haben. Mindestens siebenmal soll er die Agentur Zum Goldenen Hirschen mit verschiedenen Kampagnen beauftragt haben. Über die Haushaltstitel 1602-54301 soll er sich das Geld besorgt haben. Allerdings stehen ihm diese Gelder nur für *»Aufklärung der Bevölkerung auf den Gebieten Umwelt, Naturschutz und Reaktorsicherheit«* zur Verfügung.[325] Die Agentur Zum Goldenen Hirschen konzipierte 2004 alle Landtagswahlkämpfe der GRÜNEN und arbeitete am Wahlkampf für die europäischen Grünen sowie dem Bundestagswahlkampf mit. Außerdem erhielt sie den Rahmenvertrag zur Regierungs-PR des Bundespresseamtes und arbeitete alleine an der Kampagne zur Agenda 2010 mit einem bisherigen Auftragsvolumen von ca. 14 Millionen Euro.[326] Trittin belastete diesen Bereich aber auch mit einer Rechnung über 30.411,30 Euro für eine Party anlässlich der Abschaltung des Atomkraftwerkes Stade am 14. November 2003.[327]

Einer Rüge des Bundesrechnungshofes sah sich Trittin gegenüber, nachdem er eine Maschine der Flugbereitschaft vom Typ Challenger nach Brasilien orderte, wo er sich im Oktober 2003 aufhielt. Üblicherweise dient dieser Flugzeugtyp nur zu Kurzstreckenflügen. Erst als die Maschine schon auf dem Weg war, wurde sie wieder abbestellt. Nach einem Stopp auf Gran Canaria kehrte die Maschine wieder um. Dass dies mit Recherchen eines Nachrichtenmagazins in dieser Sache zu tun habe, wurde allerdings bestritten. Der Bundesrechnungshof erklärte, dass sich der Schaden dieses Leerfluges auf 96.000 Euro belief, natürlich zulasten des Steuerzahlers.[328]

Am 2. Februar 1993 hielt Jürgen Trittin eine Rede auf einer Konferenz des Goethe Instituts in London zum Thema Ausländerfeindlichkeit. Laut Handelsblatt Nr.115 vom 18. Juni 1993, Seite 7, laut Bild.de vom 26.November 2017 und laut Eckart von Klaeden (CDU) im Deutschen Bundestag am 23. April 1999 (Plenarprotokoll 14/36) soll Trittin in seinem Vortrag erklärt haben, dass Deutschland ein *»in allen Gesellschaftsschichten und Generationen rassistisch infiziertes Land«* sei.[329, 330, 331]

In seiner langjährigen Position als Minister für Umwelt, Naturschutz und Reaktorsicherheit nahm Trittin es wohl selbst nicht so genau mit dem Umweltschutz. Er fuhr einen Audi A8 4,2 quattro L (310 PS) mit Allradantrieb. Dieser Wagen verbrauchte im Stadtverkehr zwischen 15 und 17,5 Liter Super. Seinen Staatssekretären standen ein Mercedes S430 (279PS) und zwei BMW735 i (272 PS) zur Verfügung.[332]

Zitat von Jürgen Trittin:

»Wir brauchen eine Kultur, die Migranten - auch muslimische Migranten - nicht abschreckt.«

Quelle: Bild.de, 17.10.2010, https://www.bild.de/politik/2010/der-kampf-um-den-bahnhofsneubau-in-stuttgart-teil-2-14330552.bild.html, abgerufen am 23.12.2020

Ein weiteres Zitat von Jürgen Trittin:

»Es bleibt dabei, dass die Förderung erneuerbaren Energien einen durchschnittlichen Haushalt nur rund 1 Euro im Monat kostet- so viel wie eine Kugel Eis.«

Quelle: Pressemitteilung Nr. 231/04 vom 30.07.2004 des Bundesministeriums für Umwelt, Naturschutz und nukleare Sicherheit (BMU), https://www.bmu.de/pressemitteilung/erneuerbare-energien-gesetz-tritt-in-kraft/, abgerufen am 10.10.2020

Ein weiteres Zitat wird Jürgen Trittin zugeschrieben:

Trittin soll erklärt haben, dass Deutschland ein *»in allen Gesellschaftsschichten und Generationen rassistisch infiziertes Land«* sei. (Siehe Vorseite)

Quellen: Deutscher Bundestag, Plenarprotokoll 14/36, 36. Sitzung, 23.04.1999, Seite 2916, https://dip21.bundestag.de/dip21/btp/14/14036.pdf, abgerufen am 10.12.2020; Handelsblatt, Nr. 115, 18.06.1993, Seite 7, https://www.genios.de/document/HB__069318013/hitlist/0?all=, abgerufen am 10.12.2020; Bild.de, Grünen-Provokateur Jürgen Trittin - Meistens hart, aber er kann auch herzlich, 26.11.2017, https://www.bild.de/politik/inland/politik-inland/meistens-hart-aber-er-kann-auch-herzlich-53982734.bild.html, abgerufen am 10.12.2020

Verbindungen/weitere Ämter:

Trittin war 2012 auf dem Bilderberg-Treffen und er ist Mitglied in der Europa-Union Deutschland e. V.

Lobbyorganisationen

Atlantik-Brücke e.V.

> *»Die USA werden von 200 Familien regiert und zu denen wollen wir gute Kontakte haben.«* - Arend Oetker, damaliger Vorstandsvorsitzender der *Atlantik-Brücke.*[245]

In der Villa des US-Hochkommissars John McCloy war im August 1949 sein Freund und Berater, der Bankier Eric Warburg, Teilhaber der Hamburger Privatbank M.M.Warburg & CO (Cum-ex-Skandal) zu Gast. Zwischen ihnen fand eine Unterhaltung über die Zukunft Deutschlands statt. John McCloy, beeinflusst von den zerstörenden Ideen Henry Morgenthaus, der Deutschland in ein Agrarland umwandeln wollte, plädierte für den Abbau der deutschen Industrie. Warburg, 1938 aus Deutschland in die USA emigriert und 1945 als US-Soldat zurückgekehrt, wünschte die Einstellung der Demontage, da sonst *»aus Nachkriegsdeutschland nichts Gutes«* werde. 48 Stunden später stoppte McCloy die Demontage in Deutschland.[246] Aber statt Freiheit hatte nun der menschenverachtende US-Kapitalismus freie Fahrt in das am Boden liegende Deutschland.

1952 wurde daraufhin The American Council on Germany[247] und gleichzeitig ihre Schwesterorganisation, die Atlantik-Brücke[248], von John J. McCloy (CFR) und Eric M. Warburg gegründet.

Von 1957 bis 1970 gab der Verein das englischsprachige Informationsblatt Meet Germany für in Deutschland stationierte US-Soldaten heraus.[249]

> **John McCloy:** 1947-1949 Präsident der Weltbank; 1949-1952 US-Hochkommissar im besetzten Deutschland, zwischen 1953 und 1960 Vorstandsvorsitzender von Rockefellers Chase Manhattan Bank.[250] Von 1954 - 1970 war er Vorstandsmitglied des US-amerikanischen Council on Foreign Relations (CFR)[251]. McCloy war Teilnehmer bei den Treffen der Bilderberger in den Jahren 1957,[252] 1958,[253] 1960,[254] 1962,[255] 1964,[256] 1965,[257] 1966.[258]

> **Eric M. Warburg:** Er war Gesellschafter der M. M. Warburg & CO, eine der größten deutschen Privatbanken.[259] Seine Ausbildung zum Bankkaufmann führte ihn nach Berlin,

Frankfurt am Main und London, wo er im Bankhaus N. M. Rothschild & Sons Erfahrungen sammelte.[260]

Paul Moritz Warburg: Er ist der Bruder von Eric Warburg und ist Mitbegründer des Council on Foreign Relations.[261]

Sir Siegmund George Warburg: Er ist ein Neffe von Eric Warburg; begann eine Banklehre bei seinem Onkel Max Warburg und führte seine Ausbildung bei Rothschild in London fort.[262] Er war Teilnehmer bei dem Bilderberg-Treffen 1966.[263]

Weitere Gründungsmitglieder der Atlantik-Brücke e. V. waren der Bankier Gotthard Freiherr von Falkenhausen,[264] der 1960 bis 1967 Präsident des Vorstandes des Bundesverbandes deutscher Banken war[265] und der Kaufmann Erik Blumenfeld,[266] Mitbegründer der CDU.[267]

Zu den Mitgliedern der Atlantik-Brücke e. V. zählen heute über 500 führende Persönlichkeiten aus Bank- und Finanzwesen, Wirtschaft, Politik, Medien und Wissenschaft.[268] Gefördert wird sie u.a. durch Firmen und Institutionen wie der Deutschen Bank, dem Privatbankhaus M.M. Warburg & CO, der Nomura Holdings Investment-Bank, der Deutschen Bundesbank, der DZ Bank und dem Auswärtigen Amt.[269]

Die unmittelbare Nähe einiger Politiker zur Wirtschaft, zu konspirativen Kräften und mangelnde Transparenz sind Faktoren, welche die Atlantik-Brücke e. V. zwielichtig erscheinen lassen.

Von Bedeutung ist letztendlich die enge Verflechtung der Altlantik-Brücke e. V. mit den Bilderbergern und der Trilateralen Kommission. Hier einige Beispiele:

Walter Leisler Kiep (CDU) war Vorsitzender der Atlantik-Brücke von 1984 bis 2000[270] und war mehrfach Teilnehmer bei Bilderberg-Treffen.[271] Er ist außerdem Mitglied des Fördererkreises der Deutschen Gesellschaft für Auswärtige Politik (DGAP e.V.)[272]

Arend Oetker war Vorsitzender der Atlantik-Brücke von 2000 bis 2005[273] und war Mitglied der Trilateralen Kommission.[274] Von 2005 bis 2019 war er Präsident der DGAP e.V.[275]

Thomas Enders war Vorsitzender der Atlantik-Brücke von 2005 bis 2009.[276] Er war ebenfalls mehrfach Teilnehmer bei Bilderberg-Treffen,[277] Mitglied der Trilateralen Kommission[278] und Präsident der DGAP e.V. seit 2019.[279]

Friedrich Merz war Vorsitzender der Atlantik-Brücke von 2009[280] bis 2019. Er ist Mitglied der Trilateralen Kommission.[281] Von 2016 bis 2020 war Merz Aufsichtsratsvorsitzender und Lobbyist für BlackRock, dem größten Vermögensverwalter der Welt.[282]

Bei den anderen Vorstandsmitgliedern und dem Kuratorium der Atlantik-Brücke spannt sich dieses Netz weiter.

Bilderberger

Der Impuls zur Gründung der Bilderberg-Treffen ging von Józef Retinger aus. Er wuchs bei Graf Zamoyski auf und kam früh mit führenden Leuten aus Kultur und Politik in Berührung. Während des Zweiten Weltkrieges beriet er den Ministerpräsidenten der polnischen Exilregierung in England und pflegte außerdem engen Kontakt zu Winston Churchill. Bereits während des Zweiten Weltkrieges hatte Retinger in London Tagungen zwischen Vertretern von Exilregierungen und Außenministern europäischer Staaten organisiert.[283]

Józef Retinger gilt als einer der Väter der Europäischen Union. Er war maßgeblich an der Organisation des Kongresses in Den Haag beteiligt. Dort fiel die Entscheidung, ob Europa ein Staatenbund oder ein Bundesstaat sein würde. Zu den besonderen Teilnehmern auf dieser Konferenz gehörte Prinz Bernhard aus den Niederlanden, der 1954 seinen Platz im Aufsichtsrat des ersten Bilderberg-Treffens einnahm und Vorsitzender der Bilderberger wurde. Zu den Vätern der Bilderberg-Treffen gehörte wiederum Józef Retinger. Die Idee dahinter: mehr in dieser Welt zu vereinen, als nur Europa.[284]

Seit 1954 treffen sich die Bilderberger einmal im Jahr in den vornehmsten Hotels der Welt. Die Bilderberger bestehen aus rund 130 Köpfen aus der Hochfinanz (gut zwei Drittel), Forschung und Medien Westeuropas, der USA und Kanadas. Man nennt die Bilderberger auch die »unsichtbare Weltregierung«.[285]

Zum engsten Kreis der Teilnehmer gehören seit Beginn Bankiers sowie die politischen und militärischen Strategen des nordatlantischen Bündnisses. Als einer der aktivsten Teilnehmer gilt David Rockefeller (Chase Manhattan Bank), welcher bei ca. 20 Bilderberg-Treffen anwesend war.

Bekannt ist auch, *»dass auf Anraten David Rockefellers bei einer Bilderberg-Konferenz die Trilaterale Kommission gegründet wurde«*.[286]

Weiter heißt es in der Frankfurter Rundschau: *»Laut den Memoiren des Ex-US-Botschafters in Berlin, John* [verm. George Crews] *McGhee, kam Bilderberg zudem bei der Mitgestaltung der Römischen Verträge zur Gründung der Europäischen Wirtschaftsgemeinschaft (EWG) eine wichtige Rolle zu.«*[287]

Die Bilderberger müssen sich nicht wundern, dass ihnen von der Öffentlichkeit Misstrauen entgegengebracht wird. Selten kommen so viele Hochkaräter und Entscheider aus aller Welt zusammen, um über die Geschicke der Welt zu sprechen. Dazu findet das Ganze hinter verschlossenen Türen statt, ohne gesellschaftlichen Auftrag und nach Regeln, die das Misstrauen zusätzlich unterstützen.

So dürfen Inhalte der Gespräche zwar in groben Zügen nach außen dringen, aber wirklich nur in groben Zügen und nicht überprüfbar. Wenig vertrauensbildend sind dabei zudem die Medien. Zum einen sind einige Vertreter aus den Medien ebenfalls bei diesen Treffen als Teilnehmer anwesend - allerdings nicht um zu berichten - zum anderen ist ein Großteil der Medien daran beteiligt, Kritik als Verschwörungstheorie zu verdammen.

Wenn Rüstungsindustrie, Banken, Milliardäre, Politiker und Medien hinter verschlossenen Türen zusammensitzen und Medien nicht ihrer Aufgabe der Berichterstattung nachkommen dürfen - also der Öffentlichkeit das Recht auf Information vorenthalten wird - dann stimmt dort etwas nicht.

Jürgen Trittin (BÜNDNIS 90/DIE GRÜNEN) hat 2012 am 60. Bilderberg-Treffen in Chantilly im US-Bundesstaat Virginia teilgenommen.[288] Joschka Fischer stand 2008 auf der Teilnehmerliste der Bilderberger.[289]

European Council on Foreign Relations (ECFR)

Der ECFR ist ein pan-europäischer Lobbyverband mit Büros in sieben europäischen Hauptstädten. Der ECFR wurde 2007 nach Vorbild des US-amerikanischen Council on Foreign Relation (CFR) gegründet. Die Initiative gewann an Dynamik, als der US-amerikanische Philanthrop George Soros, mit dem Kurs der US-amerikanischen Außenpolitik unzufrieden war und seine Zustimmung zu einer großzügigen Spende für die Gründung eines europäischen Think-Tanks machte. Bei der Gründung tauchten nicht die hochkarätigen Namen der anderen Netzwerke auf. Spiegel international sprach von einem »*eclectic European all-star team*«.[290] Bei genauer Betrachtung wird deutlich, was wirklich hinter »vielseitiges europäisches All-Star-Team« steht:

So finden wir den Bilderberger[291] Carl Bildt in der Führungsriege des ECFRs.[292] Bildt ist Autor des Netzwerkes Project Syndikate[293] und 2020 im Exekutiv-Komitee der Trilateralen Kommission.[294]

Wolfgang Ischinger ist Mitglied der Trilateralen Kommission,[295] Vorstandsmitglied der Atlantik-Brücke,[296] Teilnehmer auf Bilderberg-Treffen[297] und Mitglied im ECFR.[298]

Joschka Fischer stand 2008 auf der Teilnehmerliste der Bilderberger[299] und war Gründungs- und Vorstandsmitglied des ECFR.[300]

Der Milliardär George Soros ist Mitglied der Trilateralen Kommission,[301] Mitglied im Council on Foreign Relations (CFR),[302] Bilderberger[303] und Gründer und Vorstand des ECFR.[304] Alexander Graf Lambsdorff ist Vorstandsmitglied bei der DGAP,[305] Mitglied der Atlantik-Brücke,[306] in der Europa Union Deutschland[307] und im ECFR.[308]

Deutsche Gesellschaft für Auswärtige Politik e.V. (DGAP)

Die 1955 in Zusammenarbeit mit dem Council on Foreign Relations (CFR) gegründete Deutsche Gesellschaft für Auswärtige Politik e.V., (DGAP) (englisch: German Council on Foreign Relations) versucht aktiv die außenpolitische Meinungsbildung zu beeinflussen. Die Arbeit der DGAP richtet sich an Entscheidungsträger in Politik, Wirtschaft und Verwaltung.[309]

Ebenfalls 1955 wurde von 53 bundesdeutschen Unternehmen ein Förderkreis der DGAP gegründet. Die finanzielle Unterstützung aus diesen Reihen fiel deutlich ins Gewicht. Zu den Förderern der DGAP gehört die Crème de la Crème der deutschen Industrie und der Banken,[310] wobei die Gelder teilweise über die jeweiligen Konzernstiftungen bereitgestellt wurden. Gelder kamen etwa von der Deutschen Bank, der Open Society Foundations (George Soros), von dem Bundesamt für Migration und Flüchtlinge (BAMF), von der Sal. Oppenheim-Stiftung, der EU-Kommission und der NATO.[311]

Präsident der DGAP war von 2005 bis 2018 Arend Oetker.[312] Er war Vorsitzender der Atlantik-Brücke von 2000 bis 2005[313] und ist Mitglied der Trilateralen Kommission.[314]

Von 2004 bis 2005 war der Privatbankier Dr. Alfred Freiherr von Oppenheim (Oppenheim jr. & Cie. AG & Co. KGaA) Präsident der DGAP.[315] Oppenheim übergab 1980 dem damaligen Oppositionsführer im Bundestag und späterem Bundeskanzler, Helmut Kohl (CDU), geheim und in bar 1,3 Millionen DM (ca. 650.000 Euro) für den Wahlkampf.[316]

Sein Vater, der Bankier Friedrich Carl Freiherr von Oppenheim (Oppenheim jr. & Cie. AG & Co. KGaA), war von 1957 bis 1973 Präsident der Europa-Union Deutschland e.V.[317]

Europa-Union Deutschland e.V.

Die Europa-Union Deutschland e. V. (EUD) - gegründet 1946 - ist seit 1947 die deutsche Abteilung der Union der Europäischen Föderalisten (UEF).[318] Treibende Kraft bei der Gründung der UEF war der Kommunist Altiero Spinelli, er war Abgeordneter der Kommunistischen Partei Italiens (PCI).[319]

Spinelli im Manifest von Ventotene von 1941, in dem er seine Vision eines vereinten Europas beschrieb:

»Die europäische Revolution muss sozialistisch sein ...«[320]

Ziel der UEF ist der Ausbau der Europäischen Union (EU) und die Errichtung eines föderalen europäischen Bundesstaates (auch Vereinigte Staaten von Europa genannt).[321]

Finanziert wurde die UEF bis in die 1960er Jahre u.a. durch das American Committee for a United Europe (ACUE) welches vom US-Geheimdienst Office of Strategic Services (OSS) - Vorläufer der CIA - gelenkt wurde.[322]

Das American Committee on United Europa (ACUE), gegründet 1948, war eine US-amerikanische Organisation, welche die Förderung der europäischen Integration gewährleisten wollte. Das ACUE war aufgebaut wie eine Nicht-Regierungs-Organisation (NGO). Geschäftsführer waren der ehemalige Geheimdienstchef des Office of Strategic Services (OSS), William Joseph Donovan, und sein Stellvertreter, der ehemalige CIA-Direktor Allen Welsh Dulles. Finanziert wurde die ACUE insbesondere durch die Ford-Stiftung und die Rockefeller-Stiftung.[323]

Trilaterale Kommission

Die Trilaterale Kommission wurde am 23. Juli 1972 von David Rockefeller gegründet, mit der Absicht, die drei Industriemotoren USA, Europa und im Gegensatz zu der Bilderberg Gruppe auch Japan zusammenzuführen. An der Kommission nehmen über 100 Mitglieder teil, die allesamt reich, mächtig und einflussreich sind. Der irische Pazifist und Nobelpreisträger Sean MacBride sagte, sie sei *»von bestimmten, großen US-Banken gegründet worden und dient den finanziellen Interessen und Banken.«*

Des Weiteren kritisiert Senator Barry Goldwater, ein Gegner der Trilateralen:

»Was die Trilaterale Kommission wirklich will, ist die Schaffung einer Wirtschaftsmacht, die stärker ist als die politischen Regierungen der beteiligten Nationen. Als Manager und Gründer dieses Systems werden sie die Welt regieren«.

Ein ehemaliges Mitglied der CFR, Rear Admiral Chester Ward (Ex-US-Navy), legte die unheimlichen Absichten des Rates im Review of the News offen:

»Eine zweite Clique von internationalen Mitgliedern im CFR besteht aus den internationalen Wall-Street-Bankers und deren Schlüsselagenten. Diese wollen vor allem ein Weltbankmonopol von der Regierung, die letztlich die Weltregierung kontrollieren wird, welche immer das auch sein mag ...«

Abgeordnete des Deutschen Bundestages in Lobbyorganisationen

Name	Partei	DGAP	ECFR	Atlantik-Brücke e.V.	Europa-Union Deutschland e.V.	Trilaterale Kommission	Bilderberger-Konferenzen	Sonstige
Abel, Christian	FDP				Mitglied			
Abraham, Knut	CDU							Paneuropa-Union Präsidium
Albani, Stephan	CDU				Mitglied			
Alt, Renata	FDP	Teilnahme			Mitglied			
Amthor, Philipp	CDU			Mitglied YL	Mitglied			
Annen Niels	SPD	Vorstand	Mitglied	Mitglied				ELN
Amtsberg, Luise	B90/Die Grünen				Mitglied			
Aschenberg-Dugnus, Chr.	FDP				Mitglied			
Aumer, Peter	CSU				Mitglied			
Bacherle, Tobias Björn	B90/Die Grünen				Mitglied			
Bär, Dorothee	CSU			Mitglied	Mitglied			
Baehrens, Heike	SPD				Mitglied			
Baerbock, Annalena	B90/Die Grünen		Mitglied	Teilnahme	Mitglied			WEF YGL
Baradari, Nezahat	SPD				Mitglied			
Bareiß, Thomas	CDU				Mitglied			
Beyer, Peter	CDU	Teilnahme		Teilnahme				Aspen, Lions-Club
Bilger, Steffen	CDU				Mitglied			
Brandenburg, Jens	FDP				Mitglied			ACG YL
Brandl, Reinhard	CSU	Teilnahme		Teilnahme				
Braun, Helge Reinhold	CDU				Mitglied			
Brugger, Agnieszka	B90/Die Grünen	Teilnahme						
Brantner, Franziska	B90/Die Grünen	Teilnahme	Vorstand		Mitglied			
Bury, Yannick	CDU				Mitglied			

Abgeordnete des Deutschen Bundestages in Lobbyorganisationen

Name	Partei	DGAP	ECFR	Atlantik-Brücke e.V.	Europa-Union Deutschland e.V.	Trilaterale Kommission	Bilderberger-Konferenzen	Sonstige
Castellucci, Lars	SPD				Mitglied			
Christmann, Anna	B90/Die Grünen				Mitglied			
Coße, Jürgen	SPD				Mitglied			
Cronenberg, Carl-Julius	FDP				Mitglied			
Dagdelen, Sevim	Die Linke	Vorstand						
Damerow, Astrid	CDU				Mitglied			
Dilcher, Esther	SPD				Mitglied			
Dittmar, Sabine	SPD				Mitglied			
Djir-Sarai, Bijan	FDP	Vorstand			Mitglied			
Donth, Michael	CDU				Mitglied			
Droßmann, Falko	SPD				Mitglied			
Dürr, Christian	FDP				Mitglied			
Ebner, Harald	B90/Die Grünen				Mitglied			
Eichwege, Sonja	SPD	Junge DGAP						
Esken, Saskia	SPD				Mitglied			
Färber, Hermann	CDU				Mitglied			
Fechner, Dr. Johannes	SPD				Mitglied			
Feiler, Uwe	CDU				Mitglied			
Föst, Daniel	FDP				Mitglied			
Franke, Edgar	SPD				Mitglied			
Fricke, Otto	FDP			Teilnahme				
Gädechens, Ingo	CDU				Mitglied			
Gebhart, Thomas	CDU				Mitglied			
Gerster, Martin	SPD			Mitglied				
Glöckner, Angelika	SPD				Mitglied			

Abgeordnete des Deutschen Bundestages in Lobbyorganisationen

Name	Partei	DGAP	ECFR	Atlantik-Brücke e.V.	Europa-Union Deutschland e.V.	Trilaterale Kommission	Bilderberger-Konferenzen	Sonstige
Göring-Eckart, Katrin	B90/Die Grünen			Mgl. -2013				
Gramling, Fabian	CDU				Mitglied			
Gremmels, Timon	SPD				Mitglied			
Griese, Kerstin	SPD							ACG YL
Güntzler, Fritz	CDU				Mitglied			
Gräßle, Ingeborg	CDU				Mitglied			
Grübel, Markus	CDU				Mitglied			
Gutting, Olav	CDU				Mitglied			
Haase, Christian	CDU				Mitglied			
Hacker, Thomas	FDP				Mitglied			
Hakverdi, Metin	SPD	Mitglied		Mitglied	Mitglied			
Hahn, Florian	CSU				Mitglied			
Herbst, Thorsten	FDP							ACG YL
Heveling, Ansgar	CDU				Mitglied			
Hirte, Christian	CDU				Mitglied			
Hitschler, Thomas	SPD				Mitglied			
Jung, Andreas	CDU	Teilnahme			Mitglied			
Juratovic, Josip	SPD				Mitglied			
Kemmer, Ronja	CDU				Mitglied			
Keul, Katja	B90/Die Grünen				Mitglied			ELN
Kiesewetter, Roderich	CDU	Mitglied	Mitglied	Mitglied				ELN, Lions-Club
Kindler, Sven-Christian	B90/Die Grünen				Mitglied			
Klein, Karsten	FDP				Mitglied			
Klein, Volkmar	CDU				Mitglied			
Klingbeil, Lars	SPD			Teilnahme				Lions-Club
Klöckner, Julia	CDU			Mitglied YL				
Knoerig, Axel	CDU				Mitglied			

Abgeordnete des Deutschen Bundestages in Lobbyorganisationen

Name	Partei	DGAP	ECFR	Atlantik-Brücke e.V.	Europa-Union Deutschland e.V.	Trilaterale Kommission	Bilderberger-Konferenzen	Sonstige
Köhler, Lukas	FDP				Mitglied			
Köppen, Jens	CDU				Mitglied			Rotary Club
Kopf, Chantal	B90/Die Grünen				Mitglied			
Krichbaum, Günther	CDU	Telnahme		Mitglied	Mitglied			
Krings, Günter	CDU				Mitglied			
Kühn, Christian	B90/Die Grünen				Mitglied			
Kuhle, Konstantin	FDP				Mitglied			
Lambsdorff, Alex. Graf	FDP	Mitglied	Mitglied	Vorstand	Mitglied	Mitglied		AJC
Laschet, Armin	CDU	Teilnehmer		Mitglied	Mitglied			
Lauterbach, Karl	SPD				Mitglied			
Lehmann, Sven	B90/Die Grünen				Mitglied			
Leikert, Katja	CDU	Teilnahme		Mitglied	Mitglied			ATA
Lenz, Andreas	CSU				Mitglied			
Lieb, Thorsten	FDP				Teilnahme			
Lindh, Helge	SPD				Mitglied			
Lindholz, Andrea	CSU				Mitglied			
Lindner, Christian	FDP	Teilnahme		Mitglied			2013	ATA, Rotary
Lindner, Tobias	B90/Die Grünen	Teilnahme		Teilnahme	Mitglied			
Link, Michael	FDP	Teilnahme			Mitglied			ATA
Linnemann, Andrea	CDU				Mitglied			
Lips, Patricia	CDU				Mitglied			
Lütke, Kristine	FDP				Teilnahme			
Luksic, Oliver	FDP				Mitglied			
Maas, Heiko	SPD		Teilnahme	Teilnahme				
Mansmann, Till	FDP				Mitglied			
Marvi, Parsa	SPD				Mitglied			
Mayer, Stephan	CSU			Teilnahme	Mitglied			

Abgeordnete des Deutschen Bundestages in Lobbyorganisationen

Name	Partei	DGAP	ECFR	Atlantik-Brücke e.V.	Europa-Union Deutschland e.V.	Trilaterale Kommission	Bilderberger-Konferenzen	Sonstige
Merz, Friedrich	CDU	Teilnahme		Vorsitzender 2009-2019		Mitglied		Rotary Club
Meyer, Christoph	FDP				Mitglied			
Meister, Michael	CDU				Mitglied			Lions-Club
Middelberg, Mathias	CDU			Teilnahme				
Möller, Siemtje	SPD	Teilnahme						ATA, ELN
Mörseburg, Maximilian	CDU				Mitglied			
Müller, Claudia	B90/Die Grünen				Mitglied			
Müller, Stefan	CSU				Mitglied			
Müller-Rosentritt, Frank	FDP	Mitglied						Lions-Club
Müntefering, Michelle	SPD	Teilnahme	Mitglied	Mitglied	Mitglied			
Nietan, Dietmar	SPD		Mitglied		Mitglied			
Nouripour, Omid	B90/Die Grünen	Teilnahme	Mitglied	Vorstand	Mitglied			ATA
Özdemir, Chem	B90/Die Grünen	Teilnahme	Gründungs-mitglied	Mtgl.-2009				AJC, ACG
Özdemir, Mahmut	SPD			Teilnahme				
Oppelt, Moritz	CDU				Mitglied			
Oßner, Florian	CSU				Mitglied			
Paus, Lisa	B90/Die Grünen		Teilnahme		Mitglied			
Petry, Christian	SPD				Mitglied			
Philippi, Andreas	SPD				Mitglied			
Polat, Filiz	B90/Die Grünen				Mitglied			
Radwan, Alexander	CSU				Mitglied			
Rainer, Alois	CSU				Mitglied			
Ramsauer, Peter	CSU				Mitglied			
Redder, Volker	FDP				Teilnahme			
Rehbaum, Henning	CDU				Mitglied			

Abgeordnete des Deutschen Bundestages in Lobbyorganisationen

Name	Partei	DGAP	ECFR	Atlantik-Brücke e.V.	Europa-Union Deutschland e.V.	Trilaterale Kommission	Bilderberger-Konferenzen	Sonstige
Reuther, Bernd	FDP			Mitglied YL				
Rief, Josef	CDU				Mitglied			
Rimkus, Andreas	SPD				Mitglied			
Rößner, Tabea	B90/Die Grünen				Mitglied			
Röttgen, Norbert Alois	CDU	Teilnahme	Vorstand	Mitglied			2014	ELN
Rohde, Dennis	SPD				Mitglied			
Roth, Claudia	B90/Die Grünen			2005-2010				
Roth, Michael	SPD	Teilnahme			Mitglied			
Rosemann, Martin	SPD				Mitglied			
Rottmann, Manuela	B90/Die Grünen				Mitglied			
Rüddel, Erwin	CDU				Mitglied			Lions-Club
Rupprecht, Albert	CSU			Teilnahme	Mitglied			
Schäfer, Axel	SPD				Mitglied			
Schäube, Dr. Wolfgang	CDU	Teilnahme		Teilnahme	Mitglied		2003, 2016	
Schmid, Nils	SPD	Vorstand		Mitglied				ELN
Schnieder, Patrick	CDU				Mitglied			
Scholz, Olaf	SPD	Teilnahme		Teilnahme			2010	
Schraps, Johannes	SPD				Mitglied			
Schreiner, Felix	CDU				Mitglied			
Schröder, Ria	FDP				Mitglied			
Seif, Detlef	CDU				Mitglied			
Seiter, Stephan	FDP				Mitglied			
Sekmen, Melis	B90/Die Grünen				Mitglied			
Silberhorn, Thomas	CSU				Mitglied			
Spahn, Jens	CDU	Teilnahme	Teilnahme	Mitglied			2017	WEF YGL
Staffler, Katrin	CSU				Mitglied			
Steffen, Till	B90/Die Grünen				Mitglied			

Abgeordnete des Deutschen Bundestages in Lobbyorganisationen

Name	Partei	DGAP	ECFR	Atlantik-Brücke e.V.	Europa-Union Deutschland e.V.	Trilaterale Kommission	Bilderberger-Konferenzen	Sonstige
Stein, Mathias	SPD				Mitglied			
Storjohann, Gero	CDU				Mitglied			
Strack-Zimmermann, Marie-A.	FDP							ATA
Strasser, Benjamin	FDP				Mitglied			
Tausend, Claudia	SPD				Mitglied			
Teuteberg, Linda	FDP						2019	
Theurer, Michael	FDP				Mitglied			
Thews, Michael	SPD				Mitglied			
Thomae, Stephan	FDP			Mitglied	Mitglied			
Töns, Markus	SPD				Mitglied			
Träger, Carsten	SPD				Mitglied			
Throm, Alexander	CDU				Mitglied			
Toncar, Florian	FDP			Teilnahme				
Trittin, Jürgen	B90/Die Grünen	Teilnahme		Teilnahme	Mitglied		2012	
Ullrich, Gerald	FDP				Mitglied			
Vöpel, Dirk	SPD				Mitglied			
Völlers, Marja-Liisa	SPD				Mitglied			
Vogel, Johannes	FDP			Teilnahme				
Wadephul, Johann	CDU	Vorstand	Mitglied		Mitglied			
Warken, Nina	CDU				Mitglied			
Weeser, Sandra	FDP			Mitglied				
Weisgerber, Anja	CSU				Mitglied			
Weiss, Maria-Lena	CDU				Mitglied			
Widmann-Maunz, Anette	CDU				Mitglied			
Wiese, Dirk	SPD				Mitglied			
Winkelmeier-Becker, E.	CDU				Mitglied			

Abgeordnete des Deutschen Bundestages in Lobbyorganisationen

Name	Partei	DGAP	ECFR	Atlantik-Brücke e.V.	Europa-Union Deutschland e.V.	Trilaterale Kommission	Bilderberger-Konferenzen	Sonstige
Wissing, Volker	FDP				Mitglied			
Zeulner, Emmi	CSU				Mitglied			
Zickenheiner, Gerhard	B90/Die Grünen				Mitglied			

ACG	American Council on Germany
ATA	Deutsch Atlantische Gesellschaft e.V.
ELN	European Leadership Network
WEF	World Economy Forum (Weltwirtschaftsforum)
YL/YGL	Young Leader/Young Global Leader

Anhang zur Partei SED/PDS/DIE LINKE

(Auszüge aus dem Buch Ausnahmezustand – Der real existierende Skandal, vom VAWS-Pressebüro, 2020, ISBN 978-3-927773-89-9*)*

Von vielen Mitgliedern der Partei DIE LINKE/PDS ist in den letzten Jahren bekannt geworden, dass sie als IM für das Ministerium für Staatssicherheit tätig waren. Nicht selten richteten sie ihre Aufmerksamkeit auch auf Menschen in ihrem Umfeld, die aus der DDR fliehen wollten. Das Bespitzeln von Ausreisewilligen bekommt im Hinblick auf die noch in den 80er Jahren vollzogenen Tötungen nun eine völlig neue Dimension. Wäre von diesen ehemaligen Stasi-Mitarbeitern nicht zu erwarten, dass sie sich - öffentlich - mit diesem dunklen Kapitel der SED-Diktatur auseinandersetzen? Wie glaubwürdig kann ein Politiker sein, der mit dem Wissen um das Ausmaß der Gewalt dieses Staates seine IM-Aktivitäten verharmlost?

Doch die Praxis der PDS scheint einen gegenteiligen Trend zu bestätigen. Viele Politiker der Partei DIE LINKE/PDS, deren Stasi-Vergangenheit aufgedeckt wurde, legen ihre Ämter nicht freiwillig nieder oder ziehen sonstige Konsequenzen. Nicht selten erhalten diese Funktionäre von der Partei die nötige Rückendeckung. An die Stelle von kritischer Vergangenheitsbewältigung tritt offensichtlich Verdrängung und Verharmlosung. Nachfolgend die Dokumentation eines der schrecklichsten Kapitel des SED-Staates:

Hinrichtungen in der SED-Diktatur

Hinrichtungen im SED-Staat waren ein Staatsgeheimnis. Anfang der 1990er Jahre wurde bekannt, dass Leipzig-Connewitz bis in die 1980er Jahre hinein die zentrale Hinrichtungsstätte der SED-Diktatur war. Genauer: das Gefängnis in der Alfred-Kästner-Straße mit Eingang auf der Arndtstr. 48.

»Hinter der Flügeltür gleich rechts befindet sich die ehemalige Hausmeisterwohnung, die 1960 zur zentralen Hinrichtungsstätte der DDR umfunktioniert worden war. Bis 1968 stand hier die Guillotine, noch heute kann man im Boden die eiserne Verankerung erkennen. Doch die Fallschwertmaschine, wie sie im DDR-Sprachgebrauch hieß, erwies sich als nicht störungsfrei.«[324]

Die Leipziger Hinrichtungsstätte lag mitten in einem Wohngebiet. Meist nachts wurden die zum Tode Verurteilten mit einem Gefangentransport zur Hinrichtungsstätte gebracht. Dort erwartete den Häftling ein kleiner Personenkreis, bestehend aus dem Anstaltsleiter, seinem Stellvertreter und dem Haftarzt. Damit niemand etwas von der Vollstreckung bemerkte wurde der Gefangene über einen zweiten Eingang angeliefert, der nur wenigen bekannt war. Dann wurde dem Verurteilten in einem Haftraum verkündet, dass nun die Vollstreckung des Todesurteils bevorstand. Ein letzter Wunsch stand ihm noch zu, indem er einen Abschiedsbrief schreiben durfte. Wie sich nach dem Untergang der SED-Diktatur herausstellte wurden diese Briefe nie weitergeleitet. Danach wurde der Gefangene in den Hinrichtungsraum geführt und von dem Henker durch einen Nahschuss in den Hinterkopf erschossen. Die Verankerungen der Guillotine und der Porzellanausguss im Fußboden, damit das Blut abfließen konnte, erinnern noch heute an diese scheußlichen Taten.

Die Verwandten der Hingerichteten erfuhren von der Exekution nichts. So dachte die Ehefrau des 1981 hingerichteten Werner Teske bis 1990, dass er irgendwo unter einem falschen Namen leben würde.[325] [326]

Die genaue Zahl der Hinrichtungen in der SED-Diktatur ist bis heute nicht bekannt. Im »*Schlussbericht der Enquete-Kommission Überwindung der Folgen der SED-Diktatur im Prozess der deutschen Einheit*« wird von 372 verhängten Todesurteilen berichtet, wovon 206 vollstreckt wurden.[327] Von 64 der Hingerichteten konnten bisher Namen, Datum der Hinrichtung, Datum des Urteils und verurteilendes Gericht ermittelt werden. Der Tagesspiegel berichtet von 211 Hingerichteten, darunter 52 Verurteilte wegen politischer Delikte, 70 Verurteilte wegen krimineller Taten und 89 wegen sogenannter NS-Verbrechen.[328]

Betrachtet man die Liste der Hingerichteten, so scheint die Todesstrafe im SED-Staat ein Mittel gewesen zu sein, um Systemgegner besonders effizient zu bekämpfen. Ein strafrechtliches Verfahren hat es oftmals nicht gegeben und auch wenn es einen Prozess gab, hielten sich die Richter an die Vorgaben des Politbüros, namentlich Walter Ulbricht.

Sachsens ehemaliger Justizminister Manfred Kolbe: »*Denn egal wer hier hingerichtet worden ist, ob das Verbrecher oder Unschuldige waren: sie sind in nicht rechtstaatlichen Verfahren verurteilt worden. Die Todesstrafe ist in vielen Fällen vom Politbüro verhängt worden. Es gibt einen Fall, in dem Ulbricht ein Urteil - ohne den Täter zu kennen - von Lebenslänglich in Todesstrafe umgewandelt hat. Das sind alles Dinge, die eines Rechtsstaates hohnsprechen.«*

»Wie sich Walter Ulbricht zum Herrn über Leben und Tod machte, offenbaren Dokumente vom Juni 1955, die der Staatsratsvorsitzende unmittelbar vor einem Strafverfahren vor dem Obersten Gericht der DDR bearbeitete. Den zehn Angeklagten wurde vorgeworfen, sie seien Mitglieder der West-Berliner 'Kampfgruppe gegen Unmenschlichkeit' gewesen, hätten Spionage betrieben und Sabotageakte geplant. In einem Schreiben schlug eine Kommission dem Gericht und Ulbricht einmal die Todesstrafe, zweimal lebenslang, viermal zwischen 15 und zehn Jahre, einmal 15, einmal 12 und einmal acht Jahre Zuchthaus vor. Doch dem Staatsratsvorsitzenden erschien das zu milde: In einem Fall strich er 'lebenslängliches Zuchthaus' und schrieb darüber 'Vorschlag Todesstrafe'. Bei einem anderen Angeklagten, für den das Strafmaß zehn bis 15 Jahre vorgesehen war, machte er durch Wiederholungszeichen seine Forderung nach Todesstrafe deutlich. Erst dann schrieb der Generalsekretär unter die Dokumente 'einverstanden W. Ulbricht'. Das Gericht hielt sich streng an die Vorgabe: Im Juni und im September 1955 wurden drei Männer in Dresden geköpft. Mit zwei Wörtern und zwei Strichen verurteilte der kommunistische Parteichef zum Tod.«[329]

Ab Mitte der siebziger Jahre wurde die Todesstrafe nur noch bei »Hochverrat« ausgesprochen, wie 1981 im Fall Werner Teske, der sich in den Westen absetzen wollte. Ein geheimes Militärtribunal verurteilte ihn 1981 zum Tode. Die Urteile standen allesamt schon vorab fest. Die Prozesse waren nur noch Formsache.

Die SED firmiert jetzt als DIE LINKE! Die Hinrichtungen im SED-Staat fanden auch noch statt, als die die Größen der Partei DIE LINKE SED–Mitglieder waren. So u.a. Lothar Bisky (von 2007 bis 2010 Vorsitzender der Partei DIE LINKE), Gregor Gysi (von Ende 1989 bis 1993 war er Vorsitzender der SED-PDS und nach ihrer Umbenennung der PDS, von 2005 bis 2015 war er Fraktionsvorsitzender der Partei DIE LINKE im Deutschen Bundestag) und Christa Luft (Von 1963 bis 1971 war sie inoffizielle Mitarbeiterin des Ministeriums für Staatssicherheit (Stasi) und von 1994-2000 Abgeordnete des Deutschen Bundestages für die PDS und nach der Umbenennung noch Mitglied der Partei »DIE LINKE. Wie steht die Partei heute zu diesen Ereignissen?

Von vielen Mitgliedern der Partei »DIE LINKE« ist bekannt geworden, dass sie als IM (Informeller Mitarbeiter) für das Ministerium für Staatssicherheit (Stasi) tätig waren. Nicht selten richtete die Stasi ihre Aufmerksamkeit auch auf Menschen in ihrem Umfeld, die aus der SED-Diktatur fliehen wollten. Das Bespitzeln von Ausreisewilligen bekommt im Hinblick auf die noch in den 1980er Jahren vollzogenen Tötungen nun eine völlig neue Dimension. Wäre von diesen ehemaligen Stasi-Mitarbeitern nicht zu erwarten, dass sie sich - öffentlich - mit diesem dunklen Kapitel der SED-Diktatur auseinandersetzen? Wie glaubwürdig kann ein Politiker sein, der mit dem Wissen um das Ausmaß der Gewalt dieses Staates seine IM-Aktivitäten verharmlost?

Doch die Praxis der Partei »DIE LINKE« scheint einen gegenteiligen Trend zu bestätigen. Viele PDS-Politiker, deren Stasi-Vergangenheit aufgedeckt wurde, legten ihre Ämter nicht freiwillig nieder oder zogen sonstige Konsequenzen. Nicht selten erhielten diese Funktionäre von der Partei die nötige Rückendeckung. An die Stelle von kritischer Vergangenheitsbewältigung tritt offensichtlich Verdrängung und Verharmlosung.

Antisemitismus made by KGB und Stasi der SED-Diktatur

DIE LINKE ist die Nachfolgeorganisation der PDS und somit auch der einstigen SED. Auch im propagandistischen Sinne hat ihr antifaschistischer Kampf wie einst bei der SED hohe Priorität. Nachfolgend ein Einblick in die praktische Arbeit der einstigen SED-Diktatur. Wie glaubwürdig erscheint im Anblick dieser Dokumentation der antifaschistische Kampf der Bundestagsfraktion der Partei DIE LINKE, welche über den Weg der PDS die Nachfolge der SED angetreten hat.

Antisemitismus made by KGB und Stasi der SED-Diktatur

Am 11.01.1974 brachte als einzige große deutsche Zeitung die »Bild« folgenden Bericht: Am 11.01.1974 brachte als einzige große deutsche Zeitung die Bild folgenden Bericht:

»Eine Welle empörender antisemitischer Schmierereien und Synagogenschändungen ging vor 14 Jahren durch die Bundesrepublik. Im Ausland sprach man vom wiedererwachten Judenhass der Deutschen - aber alles war das Werk des sowjetischen Geheimdienstes ‚KGB'.«

Diese sensationelle Enthüllung machte der ehemalige US-amerikanische Abwehr-Offizier John Barron in seinem Buch »KGB«. Barron berichtet, dass der KGB-General Ivan Agajanz Drahtzieher dieser schändlichen Kampagne gewesen sei.

»Eines von Agajanz Hauptzielen 1959 als Leiter der Abteilung D war die Bundesrepublik, die der KGB als ein von Neonazis durchsetztes Land diffamieren wollte. Um eine seiner ‚aktiven Maßnahmen' zu testen, bevor er sie in Deutschland anwandte, schickte Agajanz eine Gruppe von Offizieren in ein hundert Kilometer von Moskau entferntes Dorf. Auf seine Anweisungen hin schmierten die Offiziere dort Hakenkreuze und antisemitische Parolen an die Wände und warfen im Schutz der Dunkelheit Grabsteine um. Die KGB-Informanten im Dorf berichteten, der Zwischenfall habe zwar die meisten Bewohner erschreckt, doch eine kleine antisemitische Minderheit habe sich ermutigt gefühlt, die KGB-Provokation nachzuahmen und selbst antisemitische Ausschreitungen zu begehen. Wenige Wochen spä-

ter - Ende 1959 - startete der ‚KGB' im Westen - vor allem in der Bundesrepublik - den Hass-Feldzug: Eigene Agenten und ‚DDR'-Spione leiteten die Aktionen. Es begann in Köln: Weihnachten 1959 beschmierte der Bäckergeselle Arnold S. (25) mit der Parole: »Deutsche fordern: die Juden sollten „raus"«. Er wurde später zu zehn Monaten Gefängnis verurteilt (er starb 1967). Arnold S. gab damals zu, angestiftet worden zu sein. Seine Hintermänner nannte er nicht. In den Wochen danach kam es in Deutschland zu einer Welle von Hakenkreuz-Schmierereien. Viele Juden erhielten Schmähbriefe. Bis Februar 1960 wurden 833 ‚antisemitische Akte' registriert. Die Aktion hörte ganz plötzlich auf. Die Folge: Jüdische Firmen im Ausland brachen ihre Beziehungen zu deutschen Fabrikanten ab und entließen deutsche Arbeitskräfte.

Nach der Verurteilung der Täter meldete Radio Moskau am 6 Februar 1960 aus der UdSSR:

„Das Gericht verurteilte Strunk zu 14 Monaten und Schönen zu 10 Monaten Gefängnis. Aber eine Hauptsache ließ das Gericht außer Acht, statt die Personen, die die Initiatoren der faschistischen und antisemitischen Ausschreitungen in Westdeutschland sind, zu entlarven, war es bestrebt, die echten Inspiratoren dieser Provokationen, die eine Gefahr für die Wiedergeburt des Faschismus in Westdeutschland darstellen, zu verteidigen."«[163]

Die New Yorker Zeitung »*Herald Tribune*« schrieb damals: »*Bonn unfähig, das Nazigift auszuräumen*«. 14 Jahre lang konnten Politiker und Journalisten diese Übergriffe sogenannter »Rechtsradikaler« für sich ausschlachten. Einer Richtigstellung des Sachverhaltes verschloss sich die Mehrheit der Medien und Politiker.[330 331]

Neonazis made by SED-Diktatur

Akten im ehemaligen Parteiarchiv der »Sozialistischen Einheitspartei Deutschlands« (SED) und Dokumente aus den Beständen des »Bundesbeauftragten für die Unterlagen des Staatssicherheitsdienstes der ehemaligen Deutschen Demokratischen Republik« beweisen die Verstrickung der SED-Diktatur in antisemitische Hetzkampagnen gegen die jüdische Gemeinde in München im Jahr 1961.

Die große Aktion beginnt: Die Vorgeschichte dieser Episode begann in Budapest (Ungarn). Dort versammelten sich am 19. Juli 1960, zwei Monate nach der Entführung Adolf Eichmanns von Argentinien nach Israel, die Außenminister der Warschauer-Pakt-Staaten. Dabei verabredete das sozialistische Lager, die »Affäre Eichmann« propagandistisch auszunutzen. Die gemeinsame Marschroute legte das Außenministerium der SED-Diktatur fest: *»Es muss unser Ziel sein, aus dem Prozess gegen Eichmann im Kampf gegen den westdeutschen Neofaschismus so viel wie möglich herauszuholen.«*

Eichmann wurde am 11. April 1961 vor ein israelisches Gericht gestellt. In dieser Situation würden antisemitische Umtriebe dem Ansehen Westdeutschlands schweren Schaden zufügen. Und genau das beabsichtigte die SED-Diktatur. Auch das SED-Politbüro beschäftigte sich am Tag des Prozessbeginns mit Eichmann. Unter dem Vorsitz des damaligen Parteichefs der SED, Walter Ulbricht, beschloss die SED eine »Kampagne zum Prozess gegen Eichmann«.

Albert Norden, der SED-Beauftragte für Propaganda, wurde mit der Durchführung der Kampagne betraut. Laut »Der Spiegel« stammt er aus einer Rabbinerfamilie, was dem SED-Funktionär Norden dermaßen peinlich war, dass er seinen Vater zu einem »Arbeiter« umschrieb.[332] Jetzt ging alles ganz schnell. Die Stasi-Hauptabteilung XX/4 unter der Führung des späteren Geheimdienstchefs der SED-Diktatur Markus Wolf schlug am 3. Mai »im Rahmen der Aktion ‚Vergissmeinnicht'« vor, einen Rundbrief an Alt- und Neonaziorganisationen in Westdeutschland zu verschicken. Darin sollten die »Rechtsextremen« Westdeutschlands aufgefordert werden, *»gemeinsam finanzielle Mittel zur Verteidigung Eichmanns zu schaffen und durch eine antisemitische Welle die Notwendigkeit der Judenvernichtung propagandistisch zu rechtfertigen«*. Mit dem Parteinamen der »Deutschen Reichspartei« (DRP) wollte die Stasi unterzeichnen. Seit dem 20. April lag ein weiterer Brief in Ost-Berliner Schubläden. Der Inhalt lautet:

Der Brief beginnt mit den Worten »Wir sind Kameraden der Waffen-SS, die es auf sich genommen haben, der Beschimpfung des deutschen Namens und der deutschen Ehre ein Ende zu setzen«, wendet sich dann gegen »das internationale Judentum«, das »Schauermärchen« verbreiten würde, und gegen »die jüdische Unterwelt, die mit dem Prozess gegen Eichmann »unsere Ehre besudeln« wolle, und endet mit dem Waffenspruch der Waffen-SS über »Ehre« und »Treue« und der Forderung. Dass mit dem Prozess gegen Eichmann »Schluss gemacht« werden müsse. Außerdem verschickte das »Ministerium der Staatssicherheit« (Stasi) antisemitische Hetzbriefe an jüdische Gemeinden und Privatpersonen in Westdeutschland. Die Präsidentin der Israelischen Kultusgemeinde in München, Charlotte Knobloch, bestätigte, dass auch die Juden der bayerischen Landeshauptstadt zu dem Empfängerkreis dieser Schreiben gehörte. Die Operation lief unter dem Namen »Aktion ‚J'«. Ein Mitarbeiter der Stasi hatte auf einer Reise nach München (07.-10.03.1961) die Opfer-Adressen recherchiert. Dem Agenten, der anscheinend über sehr gute Kontakte innerhalb der Gemeinde verfügte, hatte man den Befehl erteilt Adressen zu beschaffen, genau: *»Adressen Jüdischer der Stadt München«*. Weiterhin hatte der Agent eine *»Aufklärung des jüdischen Viertels in München«*, sowie die *»Resonanz auf den Eichmann-Prozess in Israel unter den jüdischen Bürgern der Stadt München«* durchzuführen.

Im Berliner Stasi-Archiv befindet sich der Abschlussbericht der »Reise« vom 15. Mai 1961. Ferner eine lange Anschriftenliste Münchner Juden.

Wie in der Aktion »Vergissmeinnicht«, unterzeichnete die Stasi der SED-Diktatur mit Namen bekannter westdeutscher Nationalisten. Auch dieser Personenkreis wurde von der Stasi beobachtet.

In der SED-Diktatur wurden folgende scheußliche Hetzbriefe aufgesetzt und abgeschickt (auf Anraten unserer Rechtsanwälte wurde der folgende Text - kursiv gedruckt - in den Konjunktiv gesetzt! Sowohl die Autoren, als auch der Verlag distanzieren sich von dem Inhalt dieses Briefes):

Offensichtlich hätten die Juden »immer noch nicht begriffen«, dass sie »aus Deutschland zu verschwinden« hätten. Es hätte ihnen »wohl nicht gereicht, dass wir 6 Millionen von« Ihnen »vergast haben«! Hätten wir mehr von ihnen in der »Sonderbehandlung« gehabt, würde schon heute niemand über sie reden. Ihre »Ausrottung« sei nur durchbrochen worden. Wir (die Deutschen) würden sie alle kennen! Jetzt wollen sie »über unseren Kameraden Eichmann triumphieren. Wir werden ihn rächen.« Ihn (den Empfänger des Rundschreibens) hätten wir schon vorgemerkt. Deutschland solle »erwachen«! - Unterzeichnen wollte die Staatssicherheit den hetzerischen Brief mit dem Namen eines NS-belasteten Juristen aus Bad Kissingen.

Die Staatssicherheit der SED-Diktatur hatte sich aber auch kurze Hasstiraden ausgedacht:

> *»Die Hetze von Euch Juden« würde »unerträglich«. Wir hätten »doch nicht genug vergast«.* Oder: *Ob sie noch nicht genug hätten, »Ihr Judenschweine«? »Fünf Millionen« reichten »Euch wohl nicht? Dich« habe »man wohl vergessen zu vergasen?«*

Auch um die Resonanz auf die »Aktion J« kümmerte sich die Hauptabteilung XX mit deutscher Gründlichkeit. Sie entwarfen sogar die »jüdischen« Protestbriefe. Darunter befinden sich Schreiben von »verängstigten Juden«, die sogar Deutschland verlassen wollten.

Natürlich wurden diese Briefe anonym versandt und die geschickte Tarnung wurde glaubhaft in den Briefen erklärt: *»Ich getraue mich nicht meinen Absender anzugeben, sonst so befürchte ich, könnten noch schmutzigere Angriffe gegen mich stattfinden.«*

Der kriminelle Einfallsreichtum der Stasi war geradezu grenzenlos. Am Münchener Stachus verteilte ein angeblicher »Kamerad der SS« Flugblätter. Auch als Reaktion auf diese Aktion der SED-Diktatur hatte die Zentrale in Ost-Berlin die Antwortbriefe schon selbst verfasst: *»Ich habe eines der Flugblätter an die ‚Kameraden der SS' in die Hand gedrückt bekommen (...). Den Mann habe ich gesehen, der sie verteilte. Solche Gesichter kenne ich noch aus Dachau und Buchenwald. Das kann 1961 am Stachus in München, zu einer Zeit, in der Eichmann gerichtet wird, geschehen?«*

Die »U-Boote« der Stasi hatten die »Rechte Propaganda« in Deutschland fest in Ihrer Hand. *»Es kam vor, dass das Neue Deutschland [Zentralorgan der SED] als erste Zeitung über antisemitische Vor-*

fälle in der Bundesrepublik berichtete, noch ehe sie von den Westmedien bemerkt wurden. Schließlich saßen die ND-Redakteure näher an der Quelle.«[333]

Schon Weihnachten 1959 hatte eine der antisemitischen Kampagnen in der Bundesrepublik Deutschland stattgefunden. Das Strickmuster war das gleiche wie später 1961. Es dürfte wohl ein »Mangel an Interesse« in den Medien- und Politikerkreisen der BRD bestehen, auch diese Stasi-Aktionen aufzudecken. Offensichtlich lässt es sich damit sehr gut leben. »Rechtsradikale Umtriebe« sind auch heute noch ein wirksames Mittel in der Politik und treibt viele Wähler ausgerechnet in das Lager der umbenannten SED, heute »DIE LINKE«.

Auszug aus dem Tätigkeitsbericht des in die Münchener jüdische Gemeinde eingeschleusten Stasi-Mitarbeiters:

»Berlin, den 15.5.1961

Bericht/61

I. Auftrag der Reise:

Auftragsgemäß wurden vom 7.-10.5.1961 in München/Bayern folgende Aufträge erfüllt:

a) Beschaffung von Adressen jüdischer Bürger der Stadt München

b) Beschaffung von Adressen israelischer Bürger, die Kontakte zur Israelischen Kultusgemeinde in München unterhalten

c) Aufklärung des jüdischen Viertels in München

d) Resonanz auf den Eichmann-Prozess in Israel unter jüdischen Bürgern der Stadt München.

Die Aufträge wurden im Wesentlichen erfüllt, die Kürze des Aufenthaltes verhinderte ausführliche Aufklärung zur Aufgabe d).

II. Verlauf der Reise:

zu a) u. b). Im Anhang befinden sich die Adressen jüdischer Geschäftsleute in München, die Mitglieder der IKG München sind. Fast alle Personen sind ehemalige Insassen faschistischer Konzentrationslager. Sie verfügen über weitreichende internationale Verbindungen in familiärer bzw. geschäftlicher Hinsicht aus der gemeinsamen Haft bzw. Ghetto-Aufenthaltes (Anlage 1) ...«[334]

Geplante Internierung und Isolierung in der SED-Diktatur

Die SED und die Staatssicherheit der SED-Diktatur befürchteten seit dem Volksaufstand am 17. Juni 1953 weitere Volksaufstände. Für einen solchen Aufstand an einem »Tag X« schufen sie einen Mobilmachungsplan, um auch gegen die eigene Bevölkerung vorzugehen. Dieser sieht vor, dass an einem solchen »Tag X« missliebe Bürger rasch in bestimmten Objekten bzw. Lagern von dem Rest der Bevölkerung isoliert werden sollen. Aber nicht nur das, die Direktive 1/67 aus dem Jahr 1967 beinhaltete auch weitere vorbeugende Maßnahmen wie Überwachungen und Festnahmen. Von diesen Vorbeugungsmaßnahmen des »Ministeriums für Staatssicherheit« wären knapp 86.000 Menschen in der DDR betroffen gewesen. So wären u.a. in Untersuchungshaftanstalten 2.955 Personen inhaftiert worden, 10.726 wären in Isolierungsobjekte verbracht worden. Neben der Isolierung gab es noch die Internierung, von der Ausländer und Transitreisende betroffen wären. Entsprechend bisheriger Forschungen waren etwa 35 Internierungslager in der SED-Diktatur mit einer maximalen Kapazität von 26.000 Personen geplant. In der Praxis sollte es so aussehen, dass in einem Zeitfenster von 8 bis 12 Stunden nach der Mobilmachung die erfassten Personen in sogenannten Isolierungsobjekten eingesperrt worden wären. Nach ca. 6 bis 14 Tagen war dann der Abtransport in die mittlerweile eingerichteten zentralen Isolierungsobjekte vorgesehen. Diese Planungen wurden bis in die 1980er Jahre hinein weiterverfolgt. Aus der Bezirksverwaltung Erfurt, Thüringen, ist zu diesen Plänen das Dokument »Grundsätze zur Vorbereitung und Durchführung der Isolierung« vom 1. März 1984 der Stasi aufgetaucht, was zu diesen Informationen als Schlüsseldokument betrachtet werden kann. Mit dieser Mobilmachung wäre eine ungeheuerliche Maschinerie in Gang gesetzt worden, die den Menschen zum Glück erspart geblieben ist. Sie zeigt aber auf, zu welchen Taten die SED-Diktatur fähig war und was in ihren Köpfen vor sich ging. Wer alles in diesen Planungen involviert war und wer aus SED-Kreisen davon wusste, muss noch erforscht werden.[335] [336]

DIE LINKE und ihre kommunistischen Wurzeln

»Der Kommunismus ist die tödlichste Ideologie der Geschichte.« So urteilte 2014 die »Frankfurter Allgemeine Zeitung«[415] über diese Linksextreme Ideologie.

»Die Kommunisten haben an die 100 Millionen Männer, Frauen und Kinder umgebracht - durch Genickschuss, Füsillade oder Kampfgas; erhängt, ertränkt, erschlagen; bei der Zwangsarbeit zu Tode geschunden, ausgerottet durch absichtlich herbeigeführte Hungersnöte und Epidemien, durch Aussetzung, Deportation und Todesmärsche.« So der französische Historiker Stéphane Courtois – politisch selbst ein Linker - in seinem »Schwarzbuch des Kommunismus«.[416]

Die Partei DIE LINKE hat aber doch nichts mit Kommunismus zu tun? Falsch, denn DIE LINKE hat in Ihrer Partei eine »Kommunistische Plattform«. Darüber das Bundesamt für Verfassungsschutz im Verfassungsschutzbericht 2018:

»Die „Kommunistische Plattform der Partei Die Linke" (KPF) ist der mitgliederstärkste extremistische Zusammenschluss in der Partei „Die Linke". Ziel der KPF ist die Überwindung des Kapitalismus als Gesellschaftsordnung und der Aufbau einer kommunistischen Gesellschaft.

In der Partei „Die Linke" ist die KPF die Gruppierung, die sich am deutlichsten zum Kommunismus sowie zu marxistisch-leninistischen Traditionen bekennt. Sie setzt sich für die Überwindung des „Kapitalismus" und den Aufbau des Sozialismus als Übergangsstadium zur klassenlosen kommunistischen Gesellschaft ein. Die KPF verteidigt die Existenz der DDR und sieht diesen „sozialistischen Versuch" als „historisch legitim" an.«[417]

Zur Vorgeschichte: Die »Sozialistische Einheitspartei Deutschlands« SED entstand 1946 aus dem Zusammenschluss der »Kommunistischen Partei Deutschlands« (KPD) und der »Sozialdemokratischen Partei Deutschlands« (SPD) in der sowjetisch besetzten Zone Deutschlands. Die KPD hatte ihren Sitz seit 1926 im Karl-Liebknecht-Haus (benannt nach Karl-Liebknecht, KPD) auf der Kleine-Alexander-Str. 28 in Berlin.

Foto: Karl Liebknechthaus in Berlin am Bülowplatz

(Bildnachweis: Bundesarchiv, B 145 Bild-P046279 / Weinrother, Carl / CC-BY-SA 3.0), https://de.wikipedia.org/wiki/Datei:Bundesarchiv_B_145_Bild-P046279,_Berlin,_Liebknecht-Haus_am_Bülowplatz.jpg

Nach dem Zweiten Weltkrieg benutzten Zentrale Dienststellen der SED das Gebäude, so wie auch das »Institut für Marxismus-Leninismus beim Zentralkomitee der SED«. Seit dem Fall der Mauer ist die PDS - heute »Die Linke« - Eigentümer des Hauses. »Die Linke«, hat heute darin ihre Bundesgeschäftsstelle, welches immer noch unter dem Namen des KPD-Führers Karl Liebknecht geführt wird.[418, 419]

Die parteinahe Stiftung der Partei DIE LINKE heißt Rosa-Luxemburg-Stiftung. Benannt nach der KPD-Führerin Rosa Luxemburg. Seit 2012 ist Dagmar Enkelmann (DIE LINKE) Vorsitzende der Stiftung. Enkelmann trat 1977 (lange vor dem Fall der Berliner Mauer) in die SED ein. Von 2005 bis 2013 war sie parlamentarische Geschäftsführerin der Fraktion der PDS und später für die die Fraktion DIE LINKE im Deutschen Bundestag. 2005 wurde bekannt, dass der Verfassungsschutz Enkelmann beobachtet hatte.[420, 421]

Am 13.11.2019 verabschiedete der Deutsche Bundestag eine Vorlage zur Errichtung eines Mahnmals, was künftig an die Opfer der Kommunistischen Gewaltherrschaft in Deutschland erinnern soll. Die

Partei »Die Linke«, deren Wurzeln weit in den Kommunismus zurück reichen, stimmte dagegen.[422]

Wieviel SED steckt in DIE LINKE

Dazu der Politik- und Nachrichtenredakteur Marco Fieber:

»Obgleich waren acht der derzeit 29 Thüringer Linken-Abgeordneten früher Funktionäre in der SED. Die Linkspartei hat sich bewusst entschieden, wie ihre Vorgängerin PDS die Rechtsnachfolge der DDR-Staatspartei SED anzutreten.«[337]

»Auch personell herrscht in der Partei ein hohes Maß an Kontinuität – obwohl seit dem Ende der DDR bereits 30 Jahre vergangen sind. Mehr als 17 Prozent der Linken-Abgeordneten im Bundestag sind alte SED-Genossen. Viele von ihnen verschweigen dies allerdings oder tun so, als hätten sie 1990 die Partei gewechselt.«[338]

Laut spiegel.de waren zum Jahreswechsel 2018/2019 ca. 8.150 Mitglieder registriert, die bis 1989 in die Partei eingetreten waren – also noch zu SED-Zeiten. Bei weiteren 11.500 Mitgliedern der Partei DIE LINKE fehlen Informationen über das Beitrittsdatum.[339]

Anhang zur Partei BÜNDNIS 90/DIE GRÜNEN

(Auszüge aus dem Buch BÜNDNIS 90/DIE GRÜNEN – Ein alternativer Verfassungsschutzbericht, vom VAWS-Pressebüro, 2021, ISBN 978-3-927773-94-3)

Die kommunistische Unterwanderung der Partei DIE GRÜNEN

Auf die Frage: *»Worüber haben Sie denn gestritten?«* antwortete der Mitbegründer der Grünen Lukas Beckmann über den Gründungsparteitag 1979 in Karlsruhe:

»Unter anderem darüber, ob Doppel-Mitgliedschaften möglich sein sollten, etwa in den Parteien und Wahllisten, die DIE GRÜNEN 1979 mitgegründet hatten oder ob Mitglieder in kommunistischen Parteien oder Vereinigungen parallel Mitglied bei uns sein können. [...] Es gab genügend Leute, die DIE GRÜNEN für ihre Zwecke missbrauchen wollten. Für sie durfte es keinen Türöffner geben, um eine eigene Kraft entwickeln zu können.«[340]

Dazu schrieb ein anderer Mitbegründer der Grünen, Delegierter auf dem Gründungsparteitag am 13. Januar 1980 in Karlsruhe und ehemaliger Kreisvorsitzender der Grünen in Worms-Alzey, Klaus Lelek:

»Die linken Landesverbände hatten nämlich bei der DB einen Sonderzug reserviert und erpressten die konservativen Landesverbände – die mit den älteren Mitgliedern aus der Nazizeit – mit der Forderung „entweder ihr stimmt für die Doppelmitgliedschaft oder wir reisen ab". Damit wäre die Gründungsversammlung geplatzt. Bei der „Doppelmitgliedschaft" ging es vor allem um die Frage ob Parteimitglieder gleichzeitig Grüne und weiterhin Mitglieder ihrer kommunistischen Splittergruppen sein können. Am Ende einer hitzigen Diskussion rund um den langen Tisch des Rheinland-Pfälzischen Landesverbandes nahm mich der Landesvorsitzender Peter Keuer zur Seite und sagte: „Wenn wir mit JA stimmen, sind die Leute zuhause stinksauer, wenn wir mit NEIN stimmen ist der Parteitag geplatzt! Lass uns das Ding durchziehen!" Handys zwecks Rücksprache mit den Kreisverbänden gabs nicht. Jetzt musste jeder auf sein Gewissen hören.

Peter Keuer war ein bodenständiger ehemaliger SPD-Mann und Leiter eines Wildparkes bei Ludwigshafen, ein gradliniger Mittvierziger. Die Entscheidung gegen den Beschluss der Basis zu stimmen, um linken Großstadtgrünen in einem Machtkampf das Feld zu überlassen, fiel ihm schwer. Vierzig Jahre später kommt mir diese Szene wie ein Schlüsselerlebnis vor. Nach der Abstimmung über die Doppelmitgliedschaft war der Weg für die Bundespartei frei.«

Die Gründung der Partei DIE GRÜNEN war vollzogen. Kommunisten jeder Ausrichtung fanden in der jungen Partei eine verdeckte Plattform und ein erfolgversprechendes Betätigungsfeld, um ihre verstaubte Ideologie salonfähig zu machen.

Langjährige parteipolitische Erfahrungen, große finanzielle Mittel und ihr Ziel der Unterwanderung vor Augen, gelang es diesen K-Gruppen innerhalb kurzer Zeit entscheidende Positionen zu besetzen. In verschleierter Form konnten sie ihre Doktrin innerhalb und mit der grünen Partei verbreiten, bis letztendlich Grundziele der Partei DIE GRÜNEN aufgegeben wurden oder in den Hintergrund gerieten.

Klaus Lelek weiter, wie die linke Unterwanderung DIE GRÜNEN Gründer kaltstellte:

»Nach und nach wurden sowohl rechtsnationale als auch konservative Grüne wie Herbert Gruhl als Steigbügelhalter und nützliche Idioten rausgeekelt und kalt geschasst. Die linken Kader bei den Grünen, bunte und alternative Listen aus dem Großstadt- und Studenten-Milieu setzten sich skrupellos durch. 1982 schoss sich der Landesvorsitzende Peter Keuer, mitten im Wildpark mit seiner Jagdflinte durch den Kopf, weil ihm linke Seilschaften Kontakte zu grünen Neonazis nachsagten, die es nachweisbar nie gegeben hat. Spuren dieser ersten Säuberungswelle finden sich auch im Spiegel, der in Westberlin braune Grüne aus der Gründungszeit entdeckte. Von Linken ausgebotet wurde auch einer der ersten grünen Bundesabgeordneten der ehemalige Nato-General Gerd Bastian.«[341]

Der ehemalige Bundestagsabgeordnete der Partei DIE GRÜNEN, Gerd Bastian, stellte zur kommunistischen Unterwanderung der Grünen fest:

»Die beginnende politische Fehlentwicklung innerhalb der Grünen zeigt sich insbesondere im überraschenden Erfolg der dem Kommunistischen Bund entstammenden ehemaligen „Z-Fraktion" bei der

Besetzung von Schlüsselpositionen mit teils altbewährten, teils neu gewonnen Gesinnungsfreunden in den Parteigremien, sowie beim Überstimmen der unkoordinierten Mehrheit der Andersdenkenden in der Fraktion und in den Regionalverbänden mittels einer geschickt und diszipliniert gehandhabten Kadertaktik.«[342]

Es folgten Austritte aus und Abspaltungen von der Partei DIE GRÜNEN. Der neue Kurs marxistischer und neomarxistischer Prägung wurde immer sichtbarer. Rund 2.000 von den damals ca. 6.000 Mitgliedern verließen die junge Partei wieder. Darunter befanden sich auch Wegbereiter und Mitbegründer wie Herbert Gruhl und Baldur Springmann, beide Spitzenkandidaten der Partei zur Europawahl 1979.[343]

In der Gründungsphase schienen Umweltschutz und Friedensbestrebung richtungsweisend für die Partei gewesen zu sein. *»Wir sind nicht links, wir sind nicht rechts - sondern vorn«* gehörte nunmehr der Vergangenheit an. Nach mehreren Säuberungsaktionen waren DIE GRÜNEN eindeutig links. Und vorn? Die immer mehr dominierenden, verstaubten Ideen des Marxismus und Maoismus warfen die Partei von »vorn« nach ganz hinten zu den Ewigvorgestrigen.

Die einstige politisch-kulturelle Bewegung entwickelte sich von der »Antipartei-Partei« zur typischen Partei mit all ihren Eigenschaften, die verhindert werden sollten und ihre Strategen wurden Lobbyisten. Das Aufbrechen des antiquierten rechts-links Schemas war gescheitert.

Nachfolgend sei noch etwas über das ehemalige Parteigebäude des *Kommunistischen Bund Westdeutschlands* auf der Mainzer Landstraße in Frankfurt am Main angemerkt. Der *KBW* soll das Objekt 1977 für 2,7 Millionen DM erworben und seinen Hauptsitz dorthin verlegt haben. 1987 wurde es der Sitz der Landesgeschäftsstelle der Grünen in Hessen. Hier eine kurze Chronik über das Frankfurter Nostalgiegebäude der Kommunisten:[344]

1977: Parteizentrale des *Kommunistischen Bund Westdeutschland (KBW)*

1977-1992: *Sendler-Verlag (KBW),* Jürgen Sendler

1977-1992: *Caro-Druck,* Druckerei der *Kommunistischen Volkszeitung*

1983: *UMBRUCH*: Marxistische Zeitschrift für Kultur und Wissenschaft

1983-1984: *AKTION* Anarchistisches Magazin

1986: *Kommune*. Monatszeitschrift

1987: DIE GRÜNEN Hessen, Landesgeschäftsstelle

DIE GRÜNEN - Eine Karriereleiter für Kommunisten/ Marxisten

In keiner Gesellschaftsordnung wurden unter dem Deckmantel der Humanität so viele Menschen ermordet und zu Tode gequält, körperlich und seelisch verkrüppelt, versklavt und um ihr Lebensglück betrogen wie in jenen Staaten, deren Maxime die kommunistische Ideologie war oder ist. Nirgendwo wurden auch Natur und Umwelt so umfassend und rücksichtslos ausgebeutet, vergiftet und zerstört wie in den kommunistischen Ländern.

Die Vision vom Kommunismus hat weltweit bisher mehr als 80 Millionen Tote verursacht, so die Bilanz des Franzosen Stéphane Courtois in dem *»Schwarzbuch des Kommunismus«*.[345] Immer wieder offenbaren sich die kommunistischen Regime als Terror- und Verbrecherstaaten. In Deutschland hat der Kommunismus viele Namen.

Nach 1945 machten viele Kommunisten aus der *Kommunistischen Partei Deutschlands (KPD)*, dem *Kommunistischen Bund Westdeutschlands (KBW)* und anderen K-Gruppen Karriere. Wie man diesem Buch entnehmen kann, fanden sich später viele Kommunisten bei den Grünen wieder. DIE GRÜNEN wurden zu einem Sammelbecken und einer Karriereleiter für Kommunisten.

Ein kurzer Überblick über die diversen K-Gruppen, deren Aktivisten später Parteimitglieder bei DIE GRÜNEN wurden und dort stellenweise immer noch zu finden sind:

Der *Kommunistische Bund (KB)* und *Gruppe Z*

Der linksextremistische *Kommunistische Bund (KB)* entstand 1971.[346]

Von 1973 bis 1991 war Knut Mellenthin Mitglied der Leitung des *KB*.[347] Er ist inzwischen langjähriger Mitarbeiter der linken Tageszeitung *Junge Welt*.[348]

Matthias Küntzel war Mitglied des *KB*, heute ist er Mitglied der Lobbyorganisation *Deutsche Gesellschaft für Auswärtige Politik (DGAP)*. Küntzel veröffentlicht Beiträge in der linken Zeitung *Jungle World*, im *Wall Street Journal*, *Spiegel-online*, *Welt* u.v.a.[349] Auch der Journalist und Redakteur bei der Berliner Tageszeitung *taz* Jan Feddersen war Mitglied im *KB* und war freier Mitarbeiter beim Magazin *Stern* und für eineinhalb Jahre Jungredakteur der Zeitung *Zeit*.[350] Jürgen Reents kam auch aus dem *KB* und war bis 2012 Chefredakteur der Tageszeitung *Neues Deutschland*.[351] Dies zeigt, dass die ehemaligen Mitglieder des *Kommunistischen Bundes* nicht nur Einfluss auf die Partei DIE GRÜNEN, *DIE LINKE* und die *SPD* genommen haben, sondern auch in den Medien nicht unbedeutend sind. Deswegen kann eine gewisse Tendenz in der Berichterstattung angenommen werden.

Dem Verfassungsschutzbericht 1977 kann man über den *KB* folgende Informationen entnehmen:

Der *KB* beruft sich auf den Marxismus-Leninismus und seine Weiterentwicklung durch Mao Tse-tung. Der Gewaltanwendung steht der *KB* nicht *»prinzipiell ablehnend«* gegenüber, sondern betrachtet sie lediglich unter dem Gesichtspunkt der *»taktischen Erfordernisse«* (*Arbeiterkampf* vom 4. 4.1977).[352]

1979 spaltete sich bundesweit eine Fraktion mit etwa 200 Anhängern um den *KB*-Mitbegründer Jürgen Reents (der sogenannten *Gruppe Z*) ab, die verstärkt in grünen Wahlbündnissen mitarbeiten wollte.

Die Mitgliederzahlen des *Kommunistischen Bundes* lagen in der Gründungszeit 1972 bei 600 Mitgliedern. Durch die Austrittswelle der *Gruppe Z* sank die Mitgliederzahl im Jahr 1978 von 1450 Mitgliedern auf 900 Mitglieder im Jahr 1979. Danach versank der *KB* in der völligen Bedeutungslosigkeit, bis hin zum Jahr 1991 auf 180 Mitglieder. Die *Gruppe Z* lag durchschnittlich bei ca. 200 Mitgliedern.[353]

Wie viele Mitglieder des *Kommunistischen Bundes* letztendlich zu der Partei DIE GRÜNEN wechselten, kann nur vermutet werden. In Anbetracht des Mitgliederschwundes von 1978 bis 1979 - also zur Gründungszeit der Partei DIE GRÜNEN - von mehr als 500 Mitgliedern ist viel Raum für Spekulationen.

Der *Kommunistische Bund Westdeutschlands (KBW)*

Der linksextremistische und maoistische *Kommunistische Bund Westdeutschlands* wurde am 13. Juni 1973 gegründet. Der *KBW* beschäftigte eine Reihe hauptberuflicher Funktionäre und besaß einen eigenen Limousinen-Fuhrpark.[354]

Der ugandische Diktator Idi Amin *»Mörder von 300.000 Menschen«*[355] wurde in der Parteizeitung lange als fortschrittlicher Staatschef bezeichnet. Der *KBW* sympathisierte mit Regimen wie dem des Diktators Pol Pot. Seine als Steinzeitkommunismus bezeichnete Herrschaft verursachte den Genozid in Kambodscha, bei dem je nach Schätzung zwischen 750.000 und mehr als 2 Millionen Menschen durch Hinrichtung, Zwangsarbeit, Hunger und mangelhafte medizinische Versorgung ums Leben gekommen waren.[356] Auch mit dem Regime des Diktators Mao Tse-tung sympathisierte der *KBW*. Mao wird insgesamt für 40–80 Millionen Tote verantwortlich gemacht, die aufgrund von vermeidbaren Hungersnöten, Bestrafungsaktionen und politischen Säuberungen starben.[357]

1985 löste sich der *KBW* offiziell auf, sein Vermögen ging an den Verein *Assoziation*, der die grün-alternative Bewegung unterstützen sollte. Mitglieder des *KBW* waren unter anderem die späteren Grünen-Politiker Joscha Schmierer, Ralf Fücks, Willfried Maier, Reinhard Bütikofer, Winfried Kretschmann, Krista Sager und andere.[358] Das Vermögen des *KBW* wurde im Verfassungsschutzbericht 1984 auf rund 9 Millionen DM (ca. 4,5 Millionen Euro) geschätzt.[359]

Der *KBW* gab offen zu, dass seine Forderungen *»nicht auf der Linie der Verfassung«* liegen (»Die Verfassung der BRD und die demokratischen Forderungen der Kommunisten«, Hrsg. ZK des KBW, 1974 u.a. S. 23/24).[360]

Der *KBW*-Aussteiger Reiner Esche (später bei der *Alternativen Liste Berlin*) über den *KBW*: *»Das Schlimme ist, dass der KBW nicht nur terroristisch mit den Mitgliedern umgegangen ist, der KBW ist auch terroristisch mit der Gesellschaft, mit den Menschen umgegangen«.*[361]

Auch beim *KBW* gab es von 1978 (2.300 Mitglieder) bis 1980 (1.500 Mitglieder) - also zur Zeit der Parteigründung DIE GRÜNEN - einen Verlust an Mitgliedern in Höhe von 800 Personen. Hier stellt sich ebenfalls die Frage, wie viele von ihnen zu den Grünen gewechselt sind. Bis zum Jahr 1985 sank die Zahl weiter bis auf 400 Mitglieder.[362]

Die *Kommunistische Partei Deutschlands (KPD)*

Die linksextreme *Kommunistische Partei Deutschlands (KPD-AO)* wurde 1970 als *KPD-AO* gegründet. Wie auch andere K-Gruppen wollte die *KPD-AO* an die Tradition der alten, 1956 vom Bundesverfassungsgericht verbotenen *KPD* anknüpfen. Die verbotene *KPD* unterhielt enge Kontakte zur *SED*-Diktatur in der DDR. Die *KPD-AO* vertrat die Theorien von Marx, Engels, Lenin, Stalin und Mao Tse-tung.[363]

Die *KPD-AO* (später umbenannt in *KPD)* hat eine Reihe von Hilfsorganisationen gebildet: Am 9. Juli 1972 gründete sie den *Kommunistischen Jugendverband (KJV)*, im Mai 1971 den *Kommunistische Studentenverband (KSV)* und am 14. Juli 1971 in Berlin die *Liga gegen den Imperialismus*.[364]

1980, also im Jahr der Parteigründung DIE GRÜNEN, löste sich die *KPD* auf. Ein großer Teil der ehemaligen Mitglieder wechselte zu den Grünen und den *Alternativen Listen*. Die letzte bekannte Mitgliederzahl der *KPD* ist aus dem Jahr 1978 und beläuft sich auf ca. 550 Mitglieder.[365]

Der unter *»strengster Geheimhaltung«* 1977 *»durchgeführte II. KPD-Parteitag beschloss u.a. eine eigene „Militärorganisation" zu schaffen und eine Parteigliederung in der DDR aufzubauen«.*[366]

»Die KPD ordnete sich völlig der politischen Linie der KP Chinas unter. Eine dreiköpfige KPD-Delegation unter Leitung des Politbüromitglieds Christian Semler hielt sich vom 8. bis 30. November [1976] in China auf und sprach mit einem Mitglied des Politbüros und mit dem Leiter der Abteilung Internationale Verbindungen des ZK der KP Chinas. Dabei wurde die „enge Kampfgemeinschaft" beider Parteien betont.«[367]

Zu den einstigen *KPD*-Mitgliedern und späteren GRÜNEN gehörten u.a.: Frank Heterich, Dieter Kunzelmann, Sabine Bard, Klaus-Jürgen Schmidt, Martin Thomas, Uwe Tietz, Klaus Timpe, Jürgen Wachsmuth und Helmut Warnke.

Auch in der *KPD* waren viele Mitglieder, die später in den Medien Einzug fanden, darunter u.a.: der Chefredakteur (2002–2010) vom *Handelsblatt*; der Kolumnist für die Zeitschrift *Capital* Bernd Ziesemer; der frühere *taz*-Journalist Christian Semler; der Mitarbeiter bei *Die Welt* und 2004 bis 2008 Kommentarchef der *Welt am Sonntag* Alan Posener und die freie Journalistin Helga Hirsch (*Die Welt, Frankfurter Allgemeine Zeitung, Die Zeit*).[368]

Wenn man alleine diese drei zuvor genannten K-Gruppen betrachtet, haben eine ganze Reihe der Kommunisten später den Weg in die Partei DIE GRÜNEN beschritten – stellenweise sogar in Führungspositionen und nicht weniger bedeutend einen nicht zu unterschätzenden Einfluss in der Medienwelt bekommen. Ein Einfluss, der sich bis heute in der Politik und in den Medien bemerkbar macht.

Quellen

1 NWZ Online, Stephan Albani: „Dann falle ich ins Bodenlose", 16.08.2017, https://www.nwzonline.de/politik/niedersachsen/stephan-albani-nebeneinkuenfte-abgeordnete_a_32,0,2253251856.html, abgerufen am 09.04.2021

2 Stephan Albani, Wikipedia, https://de.wikipedia.org/wiki/Stephan_Albani, abgerufen am 09.04.2021

3 Niels Annen, nielsannen.de, Ermittlungsverfahren eingestellt, 31.10.2014, https://www.nielsannen.de/de/article/423424.ermittlungsverfahren-eingestellt.html, abgerufen am 09.04.2021

4 Dw.com, 19.02.2019, Besuch auf Feier in iranischer Botschaft, https://www.dw.com/de/besuch-auf-feier-in-iranischer-botschaft-bereue-nichts/a-47572612, abgerufen am 06.05.2021

5 Deutscher Bundestag, Niels Annen Biografie, https://www.bundestag.de/abgeordnete/biografien/A/annen_niels-517946, abgerufen am 09.04.2021

6 Internetseite der Parlamentarischen Linken, https://www.parlamentarische-linke.de/unsere-mitglieder/, abgerufen am 08.05.2021

7 Wikipedia, https://de.wikipedia.org/wiki/Weltwirtschaftsforum, abgerufen am 17.05.2021

8 https://www.derstandard.de/story/2000098088086/bitte-wach-auf-europa-ein-appell-zur-verteidigung-der-eu, abgerufen am 17.05.2021

9 Annalena Baerbock auf Instagram, https://www.instagram.com/p/Bt9HSYHHXo5/ (Mehrere Fotos-durchsuchen), abgerufen am 17.05.2001

10 Annalena Baerbock auf Instagram, https://www.instagram.com/p/B8o9NlZC5SS/, abgerufen am 17.05.2021

11 Annalena Baerbock auf Instagram, https://www.instagram.com/p/B8o9NlZC5SS/, abgerufen am 17.05.2021

12 Focus.de, 19.05.2021, https://www.focus.de/politik/versehentlich-noch-nicht-erfolgt-zehntausende-euro-gruenen-chefin-baerbock-meldet-nebeneinkuenfte-nach_id_13310490.html, abgerufen am 23.05.2021

13 Tagesschau.de, 07.06.2021, Das Netz vergisst nicht, https://www.tagesschau.de/faktenfinder/baerbock-lebenslauf-101.html, abgerufen am 23.06.2021

14 Frankfurter Rundschau Online, 11.06.2021, Annalena Baerbock will Grünen-Kanzlerkandidatin bleiben, https://www.fr.de/politik/gruene-kanzlerkandidatin-annalena-baerbock-entschuldigung-irrefuehrende-angaben-im-lebenslauf-news-bundestag-berlin-90794606.html, abgerufen am 23.06.2021

[15] Wirtschaftswoche-online, 14.02.2013, https://www.wiwo.de/politik/europa/portraet-wie-sich-george-soros-als-euro-retter-inszeniert/7751122-all.html, abgerufen am 17.05.2021

[16] 177. Sitzung des Deutschen Bundestages, Live übertragen am 18.09.2020 über den TV-Sender Phoenix, ca. 5:10:00 Laufzeit, https://www.youtube.com/watch?v=IsBC8OBo7cM, abgerufen am 01.05.2021

[17] Deutscher Bundestag, Plenarprotokoll 19/177, Stenografischer Bericht, 177. Sitzung, Freitag, den 18. September 2020, Seite 22309

[18] Sendung Frag Selbst: Sie Fragen – Annalena Baerbock von den Grünen antwortet, ARD, Live übertragen am 28.07.2019, ca. Minute 21, https://www.youtube.com/watch?v=MMCjKb6nRW4, abgerufen am 01.05.2021

[19] Welt.de, 19.08.2020, https://www.welt.de/politik/deutschland/article213860002/Markus-Lanz-Annalena-Baerbock-irritiert-mit-Nazi-Aussage.html, abgerufen am 18.05.2021

[20] Deutscher Bundestag 14. Wahlperiode 1998, NDV, 83. Auflage, Stand: 15.01.1999, ISBN 3-87576-409-9

[21] Welt Online, Die schöne junge Welt der Stasiveteranen, 31.03.2007, https://www.welt.de/politik/article787242/Die-schoene-junge-Welt-der-Stasiveteranen.html abgerufen am 09.04.2021

[22] Junge Welt, Wikipedia, https://de.wikipedia.org/wiki/Junge_Welt, abgerufen am 09.04.2021

[23] Verfassungsschutzbericht 2006, Bundesministerium des Innern, https://www.bundesregierung.de/resource/blob/975918/762390/897fa7b8a48024f88c285c49096a65f3/2007-07-30-verfassungsschutzbericht-2006-data.pdf?download=1, abgerufen am 09.04.2021

[24] Welt Online, Z-Mann geißelt Kritiker der Lafodödel-Liste, 02.10.2015, https://www.welt.de/politik/deutschland/article147142202/Z-Mann-geisselt-Kritiker-der-Lafodoedel-Liste.html, abgerufen am 09.04.2021

[25] Tagesspiegel, Linke bestreitet Spionage-Vorwürfe, 29.09.2015, https://www.tagesspiegel.de/politik/dietmar-bartsch-und-lafodoedel-linke-bestreitet-spionage-vorwuerfe/12384928.html, abgerufen am 09.04.2021

[26] Welt Online, Z-Mann geißelt Kritiker der Lafodödel-Liste, 02.10.2015, https://www.welt.de/politik/deutschland/article147142202/Z-Mann-geisselt-Kritiker-der-Lafodoedel-Liste.html, abgerufen am 09.04.2021

[27] Süddeutsche Zeitung (SZ.de), Streit über linke Liste, 24.01.2012, https://www.sueddeutsche.de/politik/verfassungschutz-observiert-abgeordnete-streit-ueber-linke-liste-1.1266229, abgerufen am 09.04.2021

[28] Zeit Online, Bartsch sieht Stasibiografie nicht als Karrierehindernis, 20.01.2017, https://www.zeit.de/politik/deutschland/2017-01/linke-dietmar-bartsch-stasi?utm_referrer=https%3A%2F%2Fwww.google.com%2F, abgerufen am 09.04.2021

29 OVG Nordrhein-Westfalen, Urteil vom 13.02.2009, Aktenzeichen: 16 A 845/08, https://openjur.de/u/135158.html, abgerufen am 09.04.2021

30 Deutscher Bundestag, Heidrun Bluhm-Förster Biografie, https://www.bundestag.de/abgeordnete/biografien/B/bluhm_heidrun-518490, abgerufen am 09.04.2021

31 heidrun-bluhm.de, http//www.heidrun-bluhm.de/allgemein.htm, abgerufen am 18.07.2007

32 Deutscher Bundestag Online, Biografie Heidrun Bluhm-Förster, https://www.bundestag.de/abgeordnete#url=L2FiZ2VvcmRuZXRlL2Jpb2dyYWZpZW4vQi9ibHVobV9oZWlkcnVuLTUxODQ5MA==&mod=mod525246&dir=ltr, abgerufen am 15.05.2021

33 Zeit.de, 22.11.2017, https://www.zeit.de/politik/deutschland/2017-11/mauss-affaere-cdu-durchsuchung-bundesgeschaeftsstelle-parteispende?utm_referrer=https%3A%2F%2Fwww.google.de%2F, abgerufen am 12.04.2021

34 Rheinpfalz.de, 30.07.2020, https://www.rheinpfalz.de/politik/rheinland-pfalz_artikel,-staatsanwaltschaft-vermutet-weitere-illegale-parteispenden-für-die-cdu-cochem-zell-_arid,5092961.html, abgerufen am 12.04.2021

35 Deutscher Bundestag Online, Biografie Peter Bleser, https://www.bundestag.de/abgeordnete/biografien/B/bleser_peter-518466, abgerufen am 15.05.2021

36 verkehrsrundschau.de, Martin Burkert akzeptiert Strafbefehl wegen Fahrerflucht, 29.01.2015, https://www.verkehrsrundschau.de/nachrichten/martin-burkert-akzeptiert-strafbefehl-wegen-fahrerflucht-1596641.html, abgerufen am 09.04.2021

37 Deutscher Bundestag, Martin Burkert Biografie, https://www.bundestag.de/abgeordnete/biografien/B/burkert_martin-518822, abgerufen am 23.04.2019

38 Deutscher Bundestag Online, Biografie Martin Burkert, https://www.bundestag.de/abgeordnete/biografien/B/burkert_martin-518822, abgerufen am 15.05.2021

39 TAZ Online, Vier Linke sind nicht mehr immun, 29.11.2012, https://taz.de/Ermittlungen-wegen-Schottern-Aufruf/!5078347/, abgerufen am 09.04.2021

40 TAZ Online, Geldstrafen nach Schotter-Aufruf, 24.04.2013, https://taz.de/Geldstrafen-nach-Schotter-Aufruf/!494861/, abgerufen am 09.04.2021

41 Der Tagesspiegel, Keine Einsicht nach Entgleisung, 06.06.2014, https://www.tagesspiegel.de/politik/sevim-dagdelen-die-gruenen-und-die-ukraine-keine-einsicht-nach-entgleisung/10002270.html, abgerufen am 09.04.2021

[42] RP-Online, „Die Türkei ist auf dem Weg zu einem autoritären Staat“, 31.05.2016, https://rp-online.de/panorama/fernsehen/anne-will-die-tuerkei-ist-auf-dem-weg-zu-einem-autoritaeren-staat_aid-19652849, abgerufen am 09.04.2021

[43] Deutscher Bundestag, Sevim Dagdelen Biografie, https://www.bundestag.de/webarchiv/abgeordnete/biografien18/D/dagdelen_sevim-258298, abgerufen am 09.04.2021

[44] Rote Hilfe E.V.-online, 17.10.2009, https://www.rote-hilfe.de/presse/335-ard-erteilt-linker-bundestagsabgeordneten-auftrittsverbot-wegen-ihrer-mitgliedschaft-in-der-roten-hilfe-e-v, abgerufen am 06.05.2021

[45] Verfassungsschutzbericht 1976, Seite 126, Bundesministerium des Innern, Bonn 1977

[46] Verfassungsschutzbericht 1977, Seite 121, Bundesministerium des Innern, Bonn 1978, ISSN 0343-690X

[47] Junge Union Niedersachsen, Die Junge Union in den Medien 2004 – PDS-Landesvorsitzender war Stasi-IM, 17.02.2004, http://www.ju-niedersachsen.de/news/archiv/2004/04-02-17.htm, abgerufen am 17.07.2004

[48] Schreiben des Amtsgericht Lüneburg vom 04.02.2019, Aktenzeichen 12 b I, VAWS Archiv

[49] Neues Deutschland Online, 20.03.2018, Erneute Ermittlung gegen Diether Dehm wegen PKK-Werbung, https://www.nd-aktuell.de/artikel/1082862.erneute-ermittlungen-gegen-diether-dehm-wegen-pkk-werbung.html, abgerufen am 23.06.2021

[50] Frankfurter Allgemeine Online, 19.02.2016, Christian Klar arbeitet für Bundestagsabgeordneten, https://www.faz.net/aktuell/gesellschaft/frueherer-raf-terrorist-von-diether-dehm-beschaeftigt-14079016.html?service=printPreview, abgerufen am 23.06.2021

[51] Neues Deutschland Online, 20.03.2018, Erneute Ermittlung gegen Diether Dehm wegen PKK-Werbung, https://www.nd-aktuell.de/artikel/1082862.erneute-ermittlungen-gegen-diether-dehm-wegen-pkk-werbung.html, abgerufen am 23.06.2021

[52] Hannoversche Allgemeine Online, 05.05.2018, Nach Ocalan-Bild: Keine Ermittlungen gegen Linken-Politiker Dehm, https://www.haz.de/Hannover/Aus-der-Stadt/Uebersicht/Hannover-Keine-Ermittlungen-gegen-Diether-Dehm-nach-Zeigen-von-Oecalan-Bild, abgerufen am 24.06.2012

[53] Deutscher Bundestag Online, Biografie Dieter Dehm, https://www.bundestag.de/abgeordnete/biografien/D/dehm_diether-518988, abgerufen am 15.05.2021

[54] Universität zu Köln, Wirtschafts- und Sozialwissenschaftliche Fakultät nimmt Doktorgrad von Bijan Djir-Sarai zurück, 06.103.2012, https://web.archive.org/web/20120309001924/http://www.portal.uni-koeln.de/nachricht+M5f17a26cba3.html, abgerufen am 12.05.2021

[55] Internetseite der Europa Union Deutschland e.V., Europa-Union Parlamentarier im Deutschen Bundestag, https://www.europa-union.de/ueber-uns/parlamentariergruppen/deutscher-bundestag/a-z-19-bt, abgerufen am 08.05.2021

[56] DGAP Jahresbericht 2018/19, Seite 14, https://docplayer.org/153713035-Dgapjahresbericht-2018-19.html, abgerufen am 12.05.2021

[57] Deutscher Bundestag Online, Biografie Bijan Djir-Sarai, https://www.bundestag.de/abgeordnete/biografien/D/519072-519072, abgerufen am 15.05.2021

[58] Welt Online, Staatsanwalt ermittelt gegen Linke-Chef Klaus Ernst, 21.07.2010, https://www.welt.de/politik/deutschland/article8563727/Staatsanwalt-ermittelt-gegen-Linke-Chef-Klaus-Ernst.html, abgerufen am 23.04.2021

[59] Zeit Online, Staatsanwalt ermittelt gegen Linken-Chef Ernst, 21.07.2010, https://www.zeit.de/politik/deutschland/2010-07/ernst-ermittlungen-betrug, abgerufen am 23.04.2021

[60] Bild Online, „Es macht mir Spaß Porsche zu fahren“. 12.01.2011, https://www.bild.de/politik/2011/die-linke/es-macht-mir-spass-porsche-zu-fahren-15461976.bild.html, abgerufen am 23.04.2021

[61] Süddeutsche Online, Porsche-Klaus und die „Lebenslüge“, 09.08.2010, https://www.sueddeutsche.de/politik/die-linke-streit-um-klaus-ernst-porsche-klaus-und-die-lebensluege-1.984622, abgerufen am 23.04.2021

[62] Focus Online, Mit Porsche und Plateauschuhen, 09.06.2014, https://www.focus.de/politik/deutschland/klaus-ernst-mit-porsche-und-plateauschuhen_aid_542083.html, abgerufen am 23.04.2021

[63] Süddeutsche Online, Porsche-Klaus und die „Lebenslüge“, 09.08.2010, https://www.sueddeutsche.de/politik/die-linke-streit-um-klaus-ernst-porsche-klaus-und-die-lebensluege-1.984622, abgerufen am 23.04.2021

[64] Deutscher Bundestag Online, Biografie Klaus Ernst, https://www.bundestag.de/abgeordnete/biografien/E/ernst_klaus-519312, abgerufen am 15.05.2021

[65] Internetseite der Europa Union Deutschland e.V., Europa-Union Parlamentarier im Deutschen Bundestag, https://www.europa-union.de/ueber-uns/parlamentariergruppen/deutscher-bundestag/a-z-19-bt, abgerufen am 08.05.2021

[66] Internetseite der Parlamentarischen Linken, https://www.parlamentarische-linke.de/unsere-mitglieder/, abgerufen am 08.05.2021

[67] Deutscher Bundestag, Biografie Saskia Esken, https://www.bundestag.de/abgeordnete/biografien/E/esken_saskia-519324, abgerufen am 15.05.2021

[68] Deutscher Bundestag, 04.03.2021, https://www.bundestag.de/dokumente/textarchiv/2021/kw09-de-immunitaet-826314, abgerufen am 24.04.2021

[69] Süddeutsche.de, 04.03.2021, Korruptionsverdacht gegen CDU-Parlamentarier, https://www.sueddeutsche.de/politik/cdu-aserbaidschan-korruption-1.5224688?print=true, abgerufen am 24.04.2020

[70] Axel Fischer, http://fischer-mdb.de/zur-person, abgerufen am 24.04.2021

[71] Der Tagesspiegel Online, Im letzten Moment, 15.02.2014, https://www.tagesspiegel.de/meinung/ruecktritt-von-hans-peter-friedrich-im-letzten-moment/9486878.html, abgerufen am 23.04.2021

[72] Zeit Online, Minister Friedrich tritt zurück, 14.02.2014, https://www.zeit.de/politik/deutschland/2014-02/hans-peter-friedrich-seabstian-edathy-ruecktritt, abgerufen am 23.04.2021

[73] Welt Online, Staatsanwalt leitet Verfahren gegen Friedrich ein, 26.02.2014, https://www.welt.de/politik/deutschland/article125200824/Staatsanwalt-leitet-Verfahren-gegen-Friedrich-ein.html, abgerufen am 23.04.2021

[74] Zeit Online, Ermittlungen gegen Ex-Minister Friedrich werden eingestellt, 06.10.2014, https://www.zeit.de/politik/deutschland/2014-10/hans-peter-friedrich-sebastian-edathy-ermittlungen-eingestellt, abgerufen am 23.04.2021

[75] Deutscher Bundestag Online, Biografie Hans-Peter Friedrich, https://www.bundestag.de/abgeordnete/biografien/F/friedrich_hans_peter-519560, abgerufen am 15.05.2021

[76] t-online.de, „Dann haben wir im Reichstag echte Nazis“, 11.09.2017, https://www.t-online.de/nachrichten/deutschland/bundestagswahl/id_82127344/sigmar-gabriel-im-interview-wir-muessen-endlich-umsteuern-.html, abgerufen am 23.04.2021

[77] Manager Magazin Online, Neuer Zoff im feinen Club? 21.01.2011, https://www.manager-magazin.de/politik/artikel/a-740635.html, abgerufen am 23.04.2021

[78] Internetseite der Atlantik-Brücke, Sigmar Gabriel neuer Vorsitzender, ,https://www.atlantik-bruecke.org/sigmar-gabriel-neuer-vorsitzender/, abgerufen am 06.05.2021

[79] The Trilateral Commission, Membership in January 2020, https://trilateral.org/download/files/TC-MEMBERSHIP-LIST-JANUARY2020.pdf, abgerufen am 23.04.2021

[80] Internetseite ECFR, https://ecfr.eu/berlin/de/council/, abgerufen am 06.05.2021

[81] Deutscher Bundestag Online, Biografie Sigmar Gabriel, https://www.bundestag.de/abgeordnete/biografien/G/gabriel_sigmar-519626, abgerufen am 15.05.2021

82 Businessinsider.de, 13.05.2021, https://www.businessinsider.de/politik/deutschland/nach-erneuter-pruefung-ihrer-dissertation-wird-familienministerin-giffey-der-doktortitel-entzogen-c/, abgerufen am 26.05.2021

83 Zeit-Online, 19.05.2021, Ein Rücktritt der nach vorne führt, https://www.zeit.de/politik/deutschland/2021-05/franziska-giffey-ruecktritt-berlin-rathaus-wahlkampf-spd, abgerufen am 26.05.2021

84 Spd.de, Biografie Franziska Giffey, https://www.spd.de/partei/parteivorstand/mitglied/speaker/franziska-giffey/, abgerufen am 26.05.2021

85 Neues Deutschland Online, Bundestag entzog Gysi die Immunität, 02.02.1996, https://www.neues-deutschland.de/artikel/593122.bundestag-entzog-gysi-die-immunitaet.html, abgerufen am 08.05.2021

86 Lebendiges Museum Online, Gregor Gysi geb. 1984, https://www.hdg.de/lemo/biografie/gregor-gysi.html#jpto-top, abgerufen am 08.05.2021

87 Lebendiges Museum Online, Gregor Gysi geb. 1984, https://www.hdg.de/lemo/biografie/gregor-gysi.html#jpto-top, abgerufen am 08.05.2021

88 Süddeutsche Zeitung Online, Vom Dissidenten Anwalt zur Galionsfigur der Linken, 13.10.2015, https://www.sueddeutsche.de/politik/gregor-gysi-vom-dissidenten-anwalt-zur-galionsfigur-der-linken-1.1596877, abgerufen am 08.05.2021

89 TAZ Online, Gregor Gysi ist (k)ein Stasi-Spitzel, 21.07.1998, https://taz.de/!1334041/, abgerufen am 08.05.2021

90 Tagesspiegel Online, Senator Gysi tritt zurück und verlässt die Politik, 01.08.2002, https://www.tagesspiegel.de/politik/senator-gysi-tritt-zurueck-und-verlaesst-die-politik/333728.html, abgerufen am 08.05.2021

91 Manager Magazin Online, Gregor Gysi ist zurückgetreten, 31.07.2002, https://www.manager-magazin.de/unternehmen/karriere/a 207613.html, abgerufen am 08.05.2021

92 Tagesspiegel Online, Gysi profitiert nicht länger von Bankkrise, 22.01.2002, https://www.tagesspiegel.de/berlin/gysi-profitiert-nicht-laenger-von-bankkrise/285588.html, abgerufen am 08.05.2021

93 Deutscher Bundestag Archiv Online, Friedrich hält an Beobachtung von Abgeordneten fest, 2012, https://www.bundestag.de/webarchiv/textarchiv/2012/37561617_kw04_aktstd_ueberwachung-207550, abgerufen am 08.05.2021

94 Welt.de, 05.05.2010, https://www.welt.de/welt_print/vermischtes/hamburg/article7479620/Staatsanwaltschaft-stellt-Verfahren-gegen-Hakverdi-gegen-Bussgeld-ein.html, abgerufen am 12.05.2021

95 Internetseite von Metin Hakverdi, Über mich, https://metin-hakverdi.de/ueber-mich/, abgerufen am 12.05.2021

96 Welt.de, 26.03.2021, Hauptmann tritt aus CDU aus – Ex-MdB soll Million Euro für Maskengeschäft erhalten haben, https://www.welt.de/politik/deutschland/article229133271/Mark-Hauptmann-soll-1-Mio-Provision-fuer-Maskengeschaeft-erhalten-haben.html, abgerufen am 15.04.2021

97 Spiegel.de, 16.03.2021, Generalstaatsanwaltschaft prüft Ermittlungen gegen Ex-Abgeordneten Hauptmann, https://www.spiegel.de/politik/deutschland/unions-korruptionsaffaere-generalstaatsanwaltschaft-thueringen-prueft-ermittlungen-gegen-cdu-politiker-mark-hauptmann-a-c0783fc7-e39c-4048-8a9e-9665ba24db59, abgerufen am 15.04.2021

98 Merkur.de, 12.03.2021, Korruptionsaffäre: Nächster CDU-Politiker legt Bundestagsmandat nieder, https://www.merkur.de/politik/cdu-korruption-aserbaidschan-politiker-bundestag-abgeordnete-baku-hauptmann-ruecktritt-zr-90236931.html abgerufen am 15.04.2021

99 Deutscher Bundestag Online, Biografie Mark Hauptmann, https://www.bundestag.de/abgeordnete/biografien/H/hauptmann_mark-520150, abgerufen am 15.05.2021

100 Staatsanwaltschaft Mainz Online, Strafanzeige gegen den Bürgermeister der Stadt Oppenheim, 11.07.2017, https://stamz.justiz.rlp.de/de/startseite/detail/news/News/detail/strafanzeige-wegen-gegen-den-buergermeister-der-stadt-oppenheim/, abgerufen am 08.05.2021

101 Staatsanwaltschaft Mainz Online, Strafanzeige gegen den Bürgermeister der Stadt Oppenheim, 11.07.2017, https://stamz.justiz.rlp.de/de/startseite/detail/news/News/detail/strafanzeige-wegen-gegen-den-buergermeister-der-stadt-oppenheim/, abgerufen am 08.05.2021

102 Staatsanwaltschaft Mainz Online, Strafanzeige gegen den Bürgermeister der Stadt Oppenheim, 11.07.2017, https://stamz.justiz.rlp.de/de/startseite/detail/news/News/detail/strafanzeige-wegen-gegen-den-buergermeister-der-stadt-oppenheim/, abgerufen am 08.05.2021

103 Staatsanwaltschaft Mainz Online, Ermittlungsverfahren gegen den Bürgermeister der Stadt Oppenheim, 23.11.2017, https://stamz.justiz.rlp.de/de/startseite/detail/news/News/detail/ermittlungsverfahren-gegen-den-buergermeister-der-stadt-oppenheim/, abgerufen am 08.05.2021

104 Staatsanwaltschaft Mainz Online, Ermittlungsverfahren gegen den Bürgermeister der Stadt Oppenheim und andere – Folgemitteilung, 26.01.2018, https://stamz.justiz.rlp.de/de/startseite/detail/news/News/detail/ermittlungsverfahren-gegen-den-buergermeister-der-stadt-oppenheim-und-andere-folgemitteilung/, abgerufen am 08.05.2021

105 Staatsanwaltschaft Mainz Online, Ermittlungsverfahren gegen den Bürgermeister der Stadt Oppenheim und andere – Folgemitteilung, 26.01.2018, https://stamz.justiz.rlp.de/de/startseite/detail/news/News/detail/ermittlungsverfahren-gegen-den-buergermeister-der-stadt-oppenheim-und-andere-folgemitteilung/, abgerufen am 08.05.2021

106 Staatsanwaltschaft Mainz Online, Ermittlungsverfahren gegen den ehemaligen Bürgermeister der Stadt Oppenheim und andere – Folgemitteilung, 15.03.2018, https://stamz.justiz.rlp.de/de/startseite/detail/news/News/detail/ermittlungsverfahren-gegen-den-ehemaligen-buergermeister-der-stadt-oppenheim-und-andere-folgemittei/, abgerufen am 08.05.2021

107 Staatsanwaltschaft Mainz Online, Ermittlungsverfahren gegen den ehemaligen Bürgermeister der Stadt Oppenheim und andere – Folgemitteilung, 15.03.2018, https://stamz.justiz.rlp.de/de/startseite/detail/news/News/detail/ermittlungsverfahren-gegen-den-ehemaligen-buergermeister-der-stadt-oppenheim-und-andere-folgemittei/, abgerufen am 08.05.2021

108 Staatsanwaltschaft Mainz Online, Ermittlungsverfahren gegen den ehemaligen Bürgermeister der Stadt Oppenheim und andere – Folgemitteilung, 15.03.2018, https://stamz.justiz.rlp.de/de/startseite/detail/news/News/detail/ermittlungsverfahren-gegen-den-ehemaligen-buergermeister-der-stadt-oppenheim-und-andere-folgemittei/, abgerufen am 08.05.2021

109 Staatsanwaltschaft Mainz Online, Ermittlungsverfahren gegen den ehemaligen Bürgermeister der Stadt Oppenheim und andere – Folgemitteilung, 15.03.2018, https://stamz.justiz.rlp.de/de/startseite/detail/news/News/detail/ermittlungsverfahren-gegen-den-ehemaligen-buergermeister-der-stadt-oppenheim-und-andere-folgemittei/, abgerufen am 08.05.2021

110 Pfälzischer Merkur Online, Marcus Held tritt als Oppenheimer Bürgermeister zurück, 28.02.2018, https://www.pfaelzischer-merkur.de/welt/landespolitik/marcus-held-tritt-als-oppenheimer-buergermeister-zurueck_aid-7662081, abgerufen am 25.01.2019

111 Pfälzischer Merkur Online, Marcus Held tritt als Oppenheimer Bürgermeister zurück, 28.02.2018, https://www.pfaelzischer-merkur.de/welt/landespolitik/marcus-held-tritt-als-oppenheimer-buergermeister-zurueck_aid-7662081, abgerufen am 25.01.2019

112 Zeit Online, Fragen zum Umgang mit der Macht: Prozess gegen Marcus Held, 02.05.2021, https://www.zeit.de/news/2021-05/02/fragen-zum-umgang-mit-der-macht-prozess-gegen-marcus-held, abgerufen am 18.05.2021

113 Deutscher Bundestag Online, Biografie Marcus Held, https://www.bundestag.de/abgeordnete/biografien/H/held_marcus-520248, abgerufen am 15.05.2021

114 Internetseite der Roten Hilfe e.V., 01.12.2018, https://www.rote-hilfe.de/rote-hilfe-news/920-ulla-jelpke-mdb-die-linke-finger-weg-von-der-ro, abgerufen am 06.05.2021

115 Verfassungsschutzbericht 1976, Seite 126, Bundesministerium des Innern, Bonn 1977

116 Verfassungsschutzbericht 1977, Seite 121, Bundesministerium des Innern, Bonn 1978, ISSN 0343-690X

[117] Taz.de, 15.01.1999, Erneut Anzeige gen PDS-Frau ausgegraben, https://taz.de/Erneut-Anzeige-gegen-PDS-Frau-ausgegraben/!3202627/, abgerufen am 16.04.2021

[118] Welt Online, Warum trat Merkels Mann im NSA-Ausschuss zurück?, 20.04.2019, http://hd.welt.de/wams-hd/wams-hd_politik/article137220319/Warum-trat-Merkels-Mann-im-NSA-Ausschuss-zurueck.html, abgerufen am 01.05.2021

[119] Xing Profil von Roderich Kiesewetter vom 14.01.2014, www.xing.com/profiles/Roderich_Kiesewetter, abgerufen am 14.01.2014

[120] Internetseite des European Leadership Network, https://www.europeanleadershipnetwork.org/person/roderich-kiesewetter/, abgerufen am 06.05.2021

[121] Abendzeitung, Schwere Vorwürfe gegen Kuffer von seiner Frau, 29.12.2018

[122] Abendzeitung Online, Münchner CSU-Stadtrat missbrauchte Daten des Roten Kreuz, 23.07.2009, https://www.abendzeitung-muenchen.de/muenchen/muenchner-csu-stadtrat-missbrauchte-daten-des-roten-kreuz-art-100508, abgerufen am 01.05.2021

[123] Deutscher Bundestag, Biografie Michael Kuffer, https://www.bundestag.de/abgeordnete/biografien/K/521398-521398, abgerufen am 15.05.2021

[124] Deutscher Bundestag, Abgeordnete, Biografie Prof. h. c. Karl A. Lamers, https://www.bundestag.de/abgeordnete/biografien/L/lamers_karl_a_-521466, abgerufen am 01.05.2021

[125] Unsere-zeit.de (Zeitung der DKP), 03.04.2020, Aufgeflogen, https://www.unsere-zeit.de/aufgeflogen-127380/, abgerufen am 09.05.2021

[126] Welt.de, 08.06.2018, BKA befragt CDU-Politiker Karl A. Lamers, https://www.welt.de/politik/deutschland/article177172876/Verdacht-auf-Geheimnis-verrat-BKA-befragt-CDU-Politiker-Karl-A-Lamers.html, abgerufen am 09.05.2021

[127] Unsere-zeit.de (Zeitung der DKP), 03.04.2020, Aufgeflogen, https://www.unsere-zeit.de/aufgeflogen-127380/, abgerufen am 09.05.2021

[128] Stern.de, 14.08.2020, Geheimes Rüstungspapier, Schonung für den CDU-Politiker – Gefängnis für den Lobbyisten, https://www.stern.de/p/plus/politik/schonung-fuer-den-cdu-politiker—gefaengnis-fuer-den-lobbyisten-9375096.html, abgerufen am 09.05.2021

[129] Deutscher Bundestag, Abgeordnete, Biografie Prof. h. c. Karl A. Lamers, https://www.bundestag.de/abgeordnete/biografien/L/lamers_karl_a_-521466, abgerufen am 01.05.2021

[130] Internetseite der Europa-Union Deutschland e.V., Europa-Union Parlamentarier im Deutschen Bundestag, https://www.europa-union.de/ueber-uns/parlamentariergruppen/deutscher-bundestag/a-z-19-bt, abgerufen am 09.05.2021

131 Deutscher Bundestag, Abgeordnetenbiografien, https://www.bundestag.de/abgeordnete#url=L2FiZ2VvcmRuZXRlL2Jpb2dyYWZpZW4vTC9sYW1lcnNfa2FybF9hXy01MjE0NjY=&mod=mod525246&dir=ltr, abgerufen am 09.05.2021

132 Neues-deutschland.de, 24.05.2021, Lauterbach räumt »Riesenfehler« ein und meldet Honorare nach, https://www.neues-deutschland.de/artikel/1152352.nebeneinkuenfte-lauterbach-raeumt-riesenfehler-ein-und-meldet-honorare-nach.html, abgerufen am 25.05.2021

133 Internetseite der Europa-Union Deutschland e.V., https://www.europa-union.de/ueber-uns/parlamentariergruppen/deutscher-bundestag/a-z-19-bt, abgerufen am 25.05.2021

134 Spiegel.de, 31.01.2009, Warum der Abgeordnete Leutert ein schlechtes Vorbild ist, https://www.spiegel.de/politik/deutschland/bannmeile-um-bundestag-warum-der-abgeordnete-leutert-ein-schlechtes-vorbild-ist-a-604671.html, abgerufen am 15.04.2021

135 Internetseite von Michael Leutert, 28.01.2009, www.michael-leutert.de/de/article/258.linksabgeordneter-leutert-verurteilt.html, abgerufen am 27.10.2017

136 Focus.de, 19-11-2013, Streit um Immunität, https://www.focus.de/politik/deutschland/streit-um-immunitaet-cdu-politiker-fuehlt-sich-von-gysi-angegriffen_aid_712976.html, abgerufen 15.04.2021

137 Internetseite der Partei DIE LINKE, 18.12.2007, Solidarität muss organisiert werden, https://www.die-linke.de/start/nachrichten/detail/solidaritaet-muss-organisiert-werden/, abgerufen am 06.05.2021

138 Verfassungsschutzbericht 1976, Seite 126, Bundesministerium des Innern, Bonn 1977

139 Verfassungsschutzbericht 1977, Seite 121, Bundesministerium des Innern, Bonn 1978, ISSN 0343-690X

140 Merkur.de, 15.04.2021, Staatsanwaltschaft ermittelt gegen Ex-CDU-Mann Löbel - aber nicht wegen Masken-Affäre, https://www.merkur.de/politik/nikolas-loebel-cdu-ermittlungen-staatsanwaltschaft-untreue-corona-masken-affaere-zr-90287000.html, abgerufen am 25.04.2021

141 Internetseite der Europa-Union Deutschland e.V, Europa-Union-Parlamentariergruppe im Deutschen Bundestag, Landesverband Baden-Württemberg, https://web.archive.org/web/20210115165200/https://www.europa-union.de/ueber-uns/parlamentariergruppen/deutscher-bundestag/baden-wuerttemberg-mdb/#c99689, abgerufen am 25.04.2021

142 Deutscher Bundestag Online, Biografie Nikolas Löbel, https://www.bundestag.de/abgeordnete/biografien/L/loebel_nikolas-521676, abgerufen am 15.05.2021

143 Taz.de, 18.03.2021, https://taz.de/Bundestagsabgeordneter-der-Linkspartei/!5759652/, abgerufen am 11.04.2021

[144] SR.de (Saarländischer Rundfunk), 18.03.2021, Ermittlungen gegen Linken-Abgeordneten Thomas Lutze, https://www.sr.de/sr/home/nachrichten/politik_wirtschaft/verdacht_gegen_urkundenfaelschung_gegen_lutze_100.html, abgerufen am 11.04.2021

[145] Wochenblatt Online, MdB Stephan Mayer (CSU): Strafbefehl für Raser-Unfall mit Tempo 170, 17.03.2014, https://www.wochenblatt.de/archiv/mdb-stephan-mayer-csu-strafbefehl-fuer-raser-unfall-mit-tempo-170-80222, abgerufen am 01.05.2021

[146] Wochenblatt Online, MdB Stephan Mayer (CSU): Strafbefehl für Raser-Unfall mit Tempo 170, 17.03.2014, https://www.wochenblatt.de/archiv/mdb-stephan-mayer-csu-strafbefehl-fuer-raser-unfall-mit-tempo-170-80222, abgerufen am 01.05.2021

[147] Internetseite der Europa-Union Deutschland e.V., Europa-Union Parlamentarier im Deutschen Bundestag, https://www.europa-union.de/ueber-uns/parlamentariergruppen/deutscher-bundestag/a-z-19-bt, abgerufen am 08.05.2021

[148] Deutscher Bundestag, Biografie Stephan Mayer, https://www.bundestag.de/abgeordnete/biografien/M/mayer_stephan-521916, abgerufen am 15.05.2021

[149] Handelsblatt Online, Spionage zielte auf französische Regierung ab, 29.04.2015, https://www.handelsblatt.com/politik/deutschland/bnd-affaere-spionage-zielte-auf-franzoesische-regierung-ab/11707036.html, abgerufen am 01.05.2021

[150] Spiegel Online, Teflonminister Thomas de Maizière – Warum ist er eigentlich noch im Amt?, 09.11.2015, https://www.focus.de/politik/deutschland/affaeren-ohne-ende-teflonminister-thomas-de-maiziere-warum-ist-dieser-mann-eigentlich-noch-im-amt_id_4650948.html, abgerufen am 01.05.2021

[151] Stern Online, De Maizière wehrt sich Lügen –Vorwurf, 29.04.2015, https://web.archive.org/web/20150501064721/http://www.stern.de/politik/deutschland/bnd-affaere-thomas-de-maiziere-bestreitet-vorwuerfe-2190549.html, abgerufen am 01.05.2021

[152] Stern Online, De Maizière wehrt sich Lügen –Vorwurf, 29.04.2015, https://web.archive.org/web/20150501064721/http://www.stern.de/politik/deutschland/bnd-affaere-thomas-de-maiziere-bestreitet-vorwuerfe-2190549.html, abgerufen am 01.05.2021

[153] Zeit Online, Achtung die Weltregierung tagt, 08.06.2016, https://www.zeit.de/wirtschaft/2016-06/bilderberger-dresden-konferenz-verschwoerungstheorien, abgerufen am 01.05.2021

[154] Hamburger Abendblatt Online, Altkanzler Schmidt mit Preis der Atlantik-Brücke ausgezeichnet, 03.07.2012, https://www.abendblatt.de/politik/deutschland/article108238746/Altkanzler-Schmidt-mit-Preis-der-Atlantik-Bruecke-ausgezeichnet.html, abgerufen am 01.05.2021

155 Internetseite des American Council on Germany, https://www.acgusa.org/young-leaders/complete-list-of-young-leaders/, abgerufen am 07.05.2021

156 Deutscher Bundestag Online, Biografie Thomas de Maizière, https://www.bundestag.de/abgeordnete/biografien/M/maiziere_thomas-521820, abgerufen am 15.05.2021

157 Bundeskanzlerin.de, 15.03.2013, https://www.bundeskanzlerin.de/bkin-de/angela-merkel/terminkalender/trilaterale-kommission-554860, abgerufen am 07.05.2021

158 Publicintelligence.net, Bilderberg Meeting Participant List, 2005, Rottach-Egern, https://publicintelligence.net/2005-bilderberg-meeting-participant-list/, abgerufen am 07.05.2021

159 Welt Online, Merkel drückt dem Gipfel in Davos ihren Stempel auf, 24.01.2013, https://www.welt.de/wirtschaft/article113098161/Merkel-drueckt-dem-Gipfel-in-Davos-ihren-Stempel-auf.html, abgerufen am 01.05.2021

160 FAZ.de, 18.10.2017, https://www.faz.net/aktuell/politik/inland/bewaehrungsstrafe-fuer-afd-politiker-muenzenmaier-15252606.html#void, abgerufen am 11.04.2021

161 Rheinpfalz.de, 17.12.2018, https://www.rheinpfalz.de/pfalz_artikel,-afd-abgeordneter-wegen-verstrickung-in-hooligan-attacke-verurteilt-_arid,1338838.html, abgerufen am 11.04.2021

162 Spiegel.de, 18.08.2013, Rundfunkräte brüskieren Nahles, https://www.spiegel.de/spiegel/vorab/rundfunkraete-brueskieren-nahles-a-917137.html, abgerufen am 16.04.2021

163 Welt.de, 14.04.2016, Absurde Hartz IV-Reform trifft Trennungskinder, https://www.welt.de/politik/deutschland/article154339875/Absurde-Hartz-IV-Reform-trifft-Trennungskinder.html, abgerufen am 16.04.2021

164 FAZ.de, 06.06.2018, SPD drängt auf höhere Mittel für Parteien, https://www.faz.net/aktuell/politik/inland/parteienfinanzierung-spd-greift-in-die-steuerkasse-15626251.html?service=printPreview, abgerufen am 16.04.2021

165 Spiegel.de, 17.06.2008, Nahles wird nicht verurteilt, https://www.spiegel.de/politik/deutschland/fahrerflucht-nahles-wird-nicht-verurteilt-a-560164.html, abgerufen am 16.04.2021

166 Deutscher Bundestag, Drucksache 19/26999 vom 25.02.2021, https://dip21.bundestag.de/dip21/btd/19/269/1926999.pdf, abgerufen am 30.04.2021

167 Zeit-Online, 15.04.2021, Bundestag hebt erneut Immunität von Georg Nüßlein auf, https://www.zeit.de/politik/deutschland/2021-04/maskenaffaere-bundestag-georg-nuesslein-immunitaet-ermittlung-korruption, abgerufen am 30.04.2021

168 Deutscher Bundestag, Dokumente, Bundestag hebt erneut Immunität von Georg Nüßlein auf, https://www.zeit.de/politik/deutschland/2021-04/maskenaffaere-bundestag-georg-nuesslein-immunitaet-ermittlung-korruption, abgerufen am 30.04.2021

169 Spiegel.de, 10.03.2021, Ermittlungen im Fall Nüßlein ausgeweitet, https://www.spiegel.de/politik/deutschland/ermittlungen-im-fall-nuesslein-ausgeweitet-a-d275eef1-a8e4-48b0-979e-47c28e3dfc20, abgerufen am 30.04.2021

170 Deutscher Bundestag Online, Biografie Georg Nüßlein, https://www.bundestag.de/abgeordnete/biografien/N/nuesslein_georg-522420, abgerufen am 15.05.2021

171 Swr.de, 21.05.2021, Auch Stuttgarter Grünen-Politiker Özdemir meldet Sonderzahlungen beim Bundestag nach, https://www.swr.de/swraktuell/baden-wuerttemberg/oezdemir-meldet-sonderzahlungen-an-100.html, abgerufen am 25.05.2021

172 Stern Online, Der Skrupellose, 17.06.2015, https://www.stern.de/panorama/investigativ/thomas-oppermann-und-die-affaere-edathy-6304770.html, abgerufen am 08.05.2021

173 Zeit Online, Oppermann windet sich raus, 01.07.2015, https://www.zeit.de/politik/deutschland/2015-07/edathy-untersuchugsausschuss-oppermann, abgerufen am 08.05.2021

174 Welt Online, Edathy belastet jetzt SPD-Fraktionschef Oppermann, 16.12.2014, https://www.welt.de/politik/deutschland/article135454914/Edathy-belastet-jetzt-SPD-Fraktionschef-Oppermann.html, abgerufen am 08.05.2021

175 Welt Online, Edathy belastet jetzt SPD-Fraktionschef Oppermann, 16.12.2014, https://www.welt.de/politik/deutschland/article135454914/Edathy-belastet-jetzt-SPD-Fraktionschef-Oppermann.html, abgerufen am 08.05.2021

176 Zeit Online, Oppermann windet sich raus, 01.07.2015, https://www.zeit.de/politik/deutschland/2015-07/edathy-untersuchugsausschuss-oppermann, abgerufen am 01.05.2021

177 The European, Autorenbiografie Thomas Oppermann, https://www.theeuropean.de/thomas-oppermann/, abgerufen am 08.05.2021

178 Deutscher Bundestag Online, Biografie Thomas Oppermann, https://www.bundestag.de/abgeordnete/biografien/O/oppermann_thomas-522472, abgerufen am 15.05.2021

179 Neues-Deutschland.de, 11.02.1998, Gericht erkannte Not für PDS nicht an, https://www.neues-deutschland.de/artikel/699176.gericht-erkannte-not-fuer-pds-nicht-an.html, abgerufen am 03.05.2021

180 Berliner-Zeitung.de, 16.12.2006, Konflikt um Traueranzeige für Markus Wolf, https://www.berliner-zeitung.de/konflikt-um-traueranzeige-fuer-

markus-wolf-arnold-vaatz-beschimpft-petra-pau-li.23945, abgerufen am 03.05.2021

181 Bz-berlin.de, 31.01.2011, Die Sekretärin von Bundestags-Vize Petra Pau war bei der Stasi, https://www.bz-berlin.de/artikel-archiv/die-sekretaerin-von-bundestags-vize-petra-pau-war-bei-der-stasi, abgerufen am 03.05.2021

182 Taz.de, 24.01.2013, »Offiziell wurde ich nicht unterrichtet«, https://taz.de/Ueberwachung-der-Linken/!5074703/, abgerufen am 03.05.2021

183 Zeit.de, 14.03.2021, Linke zieht erneut mit Petra Pau in den Bundestagswahlkampf, https://www.zeit.de/news/2021-03/13/berlins-linke-pau-spitzenkandidatin-fuer-die-bundestagswahl, abgerufen am 03.05.2021

184 Merkur.de, 18.03.2021, Lobby sogar im CDU-Vorstand: Verein erhebt Vorwürfe - neuer Telefon-Eklat um Abgeordneten?, https://www.merkur.de/politik/lobby-cdu-masken-affaere-wirtschaftsrat-merz-partei-vorstand-aufklaerung-verein-90245901.html, abgerufen am 05.05.2021

185 Tagesspiegel.de, 10.04.2021, CDU-Politiker Pfeiffer tritt zurück und erhebt schwere Vorwürfe, https://www.tagesspiegel.de/politik/wegen-kritik-an-berater-taetigkeit-cdu-politiker-pfeiffer-tritt-zurueck-und-erhebt-schwere-vorwuerfe/27084226.html, abgerufen am 05.05.2021

186 Internetseite von Joachim Pfeiffer, https://www.joachim-pfeiffer.info/portraet, abgerufen am 05.05.2021

187 Deutscher Bundestag Online, Biografie Joachim Pfeiffer, https://www.bundestag.de/abgeordnete/biografien/P/pfeiffer_joachim-522616, abgerufen am 15.05.2021

188 Spiegel Online, 09.05.2012, Röttgen im NRW-Wahlkampf, https://www.spiegel.de/politik/deutschland/cdu-vor-landtagswahl-in-nrw-roettgen-wegen-versprecher-unter-druck-a-832287.html, abgerufen am 05.05.2021

189 Spiegel-Online, 17.05.2012, https://www.spiegel.de/politik/deutschland/rauswurf-im-protokoll-wie-merkel-umweltminister-roettgen-gefeuert-hat-a-833708.html, abgerufen am 05.05.2021

190 Brief von Norbert Röttgen und Andreas Nick (MdB) vom 10.09.2020, Ablichtung im VAWS-Pressebüro-Archiv.

191 Deutscher Bundestag, Abgeordnetenbiografie, https://www.bundestag.de/abgeordnete/biografien/R/roettgen_norbert-523000, abgerufen am 05.05.2021

192 Publicintelligence.net, 2014 Bilderberg Meeting Participant List, 31.05.2014, https://publicintelligence.net/2014-bilderberg-participant-list/, abgerufen am 05.05.2021

193 Deutscher Bundestag, Stenographischer Bericht, 76. Sitzung, 2. Dezember 1999, Plenarprotokoll 14/76, Seite 6970, https://dip21.bundestag.de/dip21/btp/14/14076.pdf, abgerufen am 04.05.2021

194 Tagesspiegel.de, 03.08.2009, Die CDU-Spendenaffäre – eine Chronologie, https://www.tagesspiegel.de/politik/schreiber-und-co-die-cdu-spendenaffaere-eine-chronologie/1571544.html, abgerufen am 04.05.2021

195 Spiegel-online, 01.02.2000, Spendenaffäre: Schäuble fühlt sich als Opfer, https://www.spiegel.de/politik/deutschland/spendenaffaere-schaeuble-fuehlt-sich-als-opfer-a-62471.html, abgerufen am 22.06.2021

196 2003 Bilderberg Meeting Participant List, Versailles (Frankreich), 15-18.05.2003 (Archiv VAWS-Pressebüro)

197 2016 Bilderberg Meeting Participant List, Dresden 9-12.06.2016, https://publicintelligence.net/2016-bilderberg-participant-list/, abgerufen am 01.12.2017

198 Internetseite der Europa-Union e.V., https://www.europa-union.de/ueber-uns/parlamentariergruppen/deutscher-bundestag/a-z-19-bt, abgerufen am 05.05.2021

199 Cicero.de, April 2006, Ulla und die Kommunisten, https://www.cicero.de/innenpolitik/ulla-und-die-kommunisten/36899, abgerufen am 03.05.2021

200 Nordwest Zeitung, 56. Jahrgang, Nr. 11

201 Stuttgarter-nachrichten.de, 20.02.2018, Ulla Schmidts lukrative Arbeit nebenher, https://www.stuttgarter-nachrichten.de/inhalt.nebeneinkuenfte-im-bundestag-ulla-schmidts-lukrative-arbeit-nebenher.d0ad4c74-a8eb-4ac7-99f2-b1ccbfbeb2dd.html

202 Deutscher-bundestag.de, Abgeordnete der 18. Wahlperiode, https://www.bundestag.de/webarchiv/abgeordnete/biografien18/S/schmidt_ulla-258940, abgerufen am 03.05.2021

203 Deutscher Bundestag Online, Biografie Ulla Schmidt, https://www.bundestag.de/abgeordnete/biografien/S/schmidt_ulla-523374, abgerufen am 15.05.2021

204 Handelsblatt.com, 21.08.2020, Olaf Scholz – ein kritisches Portrait über den Kanzlerkandidaten der SPD, https://www.handelsblatt.com/politik/deutschland/kann-er-kanzler-olaf-scholz-ein-kritisches-portraet-ueber-den-kanzlerkandidaten-der-spd/26106816.html?ticket=ST-581478-jQa6lUfA0NokJ63XTOja-ap4, abgerufen am 08.05.2021

205 Handelsblatt.com, 30.04.2021, https://www.handelsblatt.com/finanzen/banken-versicherungen/cum-ex/untersuchungsausschuss-scholz-will-sich-im-cum-ex-skandal-an-nichts-erinnern/27148770.html?ticket=ST-639872-P1zVh6TiyKUwF4Ocdvaf-ap4, abgerufen am 08.05.2021

206 Welt.de, 17.02.2020, Hamburger SPD erhielt Spenden von der Warburg-Bank, https://www.welt.de/regionales/hamburg/article205916405/Cum-Ex-Skandal-Hamburger-SPD-erhielt-Spenden-von-der-Warburg-Bank.html, abgerufen am 24.05.2021

207 Zeit.de, Bundesfinanzminister Scholz sieht keine Mitschuld für Wirecard-Skandal, 22.04.2021, https://www.zeit.de/politik/deutschland/2021-04/olaf-scholz-wirecard-untersuchungsausschuss-bundestag-bilanzskandal-verantwortung-betrug, abgerufen am 08.05.2021

208 Tagesspiegel.de, 22.04.2021, Viel Wirbel um Mails von Scholz' Privataccount, https://www.tagesspiegel.de/politik/untersuchungsausschuss-zum-wirecard-skandal-viel-wirbel-um-mails-von-scholz-privataccount/27121956.html, abgerufen am 08.05.2021

209 Bilderberg Meeting, Sitges, Spain 3-6 June 2010 Final List of Participants (Archiv VAWS-Pressebüro, bilderbergmeetings.org/participants_2010, heruntergeladen am 30.09.2010)

210 Internetseite der DGAP, https://dgap.org/de/veranstaltungen/airbus-european-pedigree-global-market, abgerufen am 08.05.12021

211 Internetseite der DGAP, https://dgap.org/de/veranstaltungen/vierter-aussenpolitischer-salon-volles-haus-und-ein-schlagfertiger-altbundeskanzler, abgerufen am 08.05.12021

212 The European, 09.02.2018, Der reichste Politiker Deutschlands, https://www.theeuropean.de/juergen-fritz/11819-martin-schulz-der-multimilionaer, abgerufen am 04.05.2021

213 Süddeutsche.de, 27.04.2017, https://www.sueddeutsche.de/politik/personalpolitik-eu-parlament-ruegt-schulz-wegen-personalentscheidungen-1.3481630?print=true, abgerufen am 04.05.2021

214 Internetseite der Europa-Union e.V., https://www.europa-union.de/ueber-uns/parlamentariergruppen/deutscher-bundestag/a-z-19-bt, abgerufen am 08.05.2021

215 Focus.de, 13.11.2013, Schöne Schande, https://www.spiegel.de/politik/deutschland/rot-rot-gruen-so-viel-sed-steckt-noch-in-den-linken-a-1282072.html, abgerufen am 02.05.2021

216 Bundesstiftung-Aufarbeitung.de, https://www.bundesstiftung-aufarbeitung.de/de/recherche/kataloge-datenbanken/biographische-datenbanken/petra-sitte, abgerufen am 03.05.2021

217 Welt.de, 9.12.2014, https://www.welt.de/politik/deutschland/article135199208/Spahn-verdraengt-Minister-Groehe-aus-CDU-Praesidium.html, abgerufen am 25.04.2021

218 Internetseite Bilderberg, Bilderberg-Meeting 2017, Participant-list, https://www.bilderbergmeetings.org/meetings/meeting-2017/participants-2017, abgerufen am 25.04.2021

219 FAZ.de, 14.01.2017, Im Club der Weltveränderer, https://www.faz.net/aktuell/wirtschaft/weltwirtschaftsforum/weltwirtschaftsforum-davos-club-der-weltveraenderer-14651175.html?service=printPreview, abgerufen am 27.04.2021

220 PRReport, Die Geschichte von Jens Spahn und Max Müller, 17.02.2020, https://www.prreport.de/singlenews/uid-904303/max-mueller-wechselt-von-doc-morris-zu-bayer/, abgerufen am 25.04.2021

221 Apotheke adhoc.de, 20.09.2018, Max Müller wechselt von Doc Morris zu Bayer, https://www.apotheke-adhoc.de/nachrichten/detail/politik/die-geschichte-von-jens-spahn-und-max-mueller-biographie/, abgerufen am 25.04.2021

222 PRReport, Die Geschichte von Jens Spahn und Max Müller, 17.02.2020, https://www.prreport.de/singlenews/uid-904303/max-mueller-wechselt-von-doc-morris-zu-bayer/, abgerufen am 25.04.2021

223 Apotheke adhoc.de, Masken-Deals: Spahn hat bei Max Müller bestellt, 26.03.2021, https://www.apotheke-adhoc.de/nachrichten/detail/politik/masken-deals-spahn-hat-bei-max-mueller-bestellt/, abgerufen am 25.04.2021

224 Capital.de, 12.12.2018, https://www.capital.de/wirtschaft-politik/spahn-investment-untreuevorwurf-gegen-taxbutler-gruender, abgerufen am 27.04.2021

225 Welt.de, 29.08.2017, https://www.welt.de/wirtschaft/bilanz/article168111386/Jens-Spahn-will-seine-Taxbutler-Anteile-verkaufen.html, abgerufen am 27.04.2021

226 Vorwärts.de, 05.03.2021, https://www.vorwaerts.de/artikel/fuenf-beispiele-jens-spahn-bekaempfung-corona-pandemie-versagt, abgerufen am 27.04.2021

227 Deutscher Bundestag, Dokument 17/12051, 03.01.2013, https://dipbt.bundestag.de/dip21/btd/17/120/1712051.pdf, abgerufen am 27.04.2021

228 Vorwärts.de, 05.03.2021, https://www.vorwaerts.de/artikel/fuenf-beispiele-jens-spahn-bekaempfung-corona-pandemie-versagt, abgerufen am 27.04.2021

229 Vorwärts.de, 05.03.2021, https://www.vorwaerts.de/artikel/fuenf-beispiele-jens-spahn-bekaempfung-corona-pandemie-versagt, abgerufen am 27.04.2021

230 Vorwärts.de, 05.03.2021, https://www.vorwaerts.de/artikel/fuenf-beispiele-jens-spahn-bekaempfung-corona-pandemie-versagt, abgerufen am 27.04.2021

231 Focus.de, 24.02.2021, „Um wen handelt es sich?“ Spahn ließ angeblich gezielt Journalisten ausforschen. https://www.focus.de/politik/deutschland/grundstueckskaeufe-in-berlin-um-wen-handelt-es-sich-spahn-laesst-offenbar-gezielt-journalisten-ausforschen_id_13015882.html, abgerufen am 29.04.2021

232 Tagesspiegel.de, 19.03.2021, Kaufpreis für Spahns Villa darf jetzt genannt werden, https://www.tagesspiegel.de/politik/4-125-millionen-euro-kaufpreis-fuer-spahns-villa-darf-jetzt-genannt-werden/27018188.html, abgerufen am 29.04.2021

233 Internetseite younggloballeaders, https://www.younggloballeaders.org/community?utf8=%E2%9C%93&q=spahn&x=0&y=0&status=&class_year=&sector=&region=#results, abgerufen am 08.05.2021

234 Taz.de, 01.06.2017, https://taz.de/Konferenz-in-Chantilly/!5411277/, abgerufen am 08.05.2021

235 Deutscher Bundestag, Drucksache 19/17700 vom 22.04.2020, https://dip21.bundestag.de/dip21/btd/19/177/1917700.pdf, abgerufen am 15.04.2021

236 abgeordnetenwatch.de, Abgeordneter verstieß jahrelang gegen Transparenzpflichten, 15.05.2020, https://www.abgeordnetenwatch.de/blog/nebentaetigkeiten/abgeordneter-verstiess-jahrelang-gegen-transparenzpflichten-mit-dem-wissen, abgerufen am 15.04.2021

237 Deutscher Bundestag Online, Biografie Max Straubinger, https://www.bundestag.de/abgeordnete/biografien/S/straubinger_max-523940, abgerufen am 15.05.2021

238 Süddeutsche.de, 04.02.2019, CDU-Bundestagsabgeordneter verliert seinen Doktortitel, https://www.sueddeutsche.de/bildung/steffel-plagiat-doktortitel-1.4316276, abgerufen am 16.04.2021

239 Tagesspiegel.de, 08.05.2021, Frank Steffel klagt gegen FU Berlin, https://www.tagesspiegel.de/berlin/nach-plagiatsvorwuerfen-gegen-cdu-politiker-frank-steffel-klagt-gegen-fu-berlin/24315882.html, abgerufen am 16.04.2021

240 Deutscher Bundestag Online, Biografie Frank Steffel, https://www.bundestag.de/abgeordnete/biografien/S/steffel_frank-523820, abgerufen am 15.05.2021

241 Focus.de, 23.03.2021, Ermittlungen bis zuletzt: Karin Strenz und die »aserbaidschanische Waschmaschine«, https://www.focus.de/politik/deutschland/cdu-abgeordnete-stirbt-mit-53-karin-strenz-und-die-aserbaidschansiche-waschmaschine_id_13108487.html, abgerufen am 18.04.2021

242 Focus.de, 23.03.2021, Ermittlungen bis zuletzt: Karin Strenz und die »aserbaidschanische Waschmaschine«, https://www.focus.de/politik/deutschland/cdu-abgeordnete-stirbt-mit-53-karin-strenz-und-die-aserbaidschansiche-waschmaschine_id_13108487.html, abgerufen am 18.04.2021

243 Elbe-Elster Rundschau, 11.02.2005, Strafverfahren gegen Abgeordneten Stübgen

[244] Deutscher-Bundestag.de, Abgeordnetenbiografien, https://www.bundestag.de/abgeordnete/biografien/T/tackmann_kirsten-524010, abgerufen am 04.05.2021

[245] Berliner Zeitung, Ein Whos who der Politik und Wirtschaft, 17.04.2002, https://www.berliner-zeitung.de/ein-whos-who-der-politik-und-wirtschaft-li.7560, abgerufen am 25.11.2020

[246] vgl. ebd.

[247] Internetseite American Council on Germany, History, https://www.acgusa.org/about-us/history/, abgerufen am 25.11.2020

[248] Berliner Zeitung, Ein Whos who der Politik und Wirtschaft, 17.04.2002, https://www.berliner-zeitung.de/ein-whos-who-der-politik-und-wirtschaft-li.7560, abgerufen am 25.11.2020

[249] Atlantik-Brücke e.V., Jahresbericht Juni 2009 bis Juni 2010, https://www.atlantik-bruecke.org/wp-content/uploads/jb-0910-final.pdf, abgerufen am 25.11.2020

[250] LEMO, Lebendiges Museum online, John McCloy 1895-1989, https://www.hdg.de/lemo/biografie/john-mccloy.html, abgerufen am 25.11.2020

[251] Wikipedia, John McCloy, https://de.wikipedia.org/wiki/John_Jay_McCloy, abgerufen am 25.11.2020

[252] Bilderberg Meetings, St. Simons Island Conference, USA, 15-17 February 1957, List of Participants

[253] Bilderberg Meetings, Buxton Conference, England, 13-15 September 1958, List of Participants

[254] Robert Gaylon Ross, Sr, Who's Who of the Elite, Edition RIE, USA, ISBN 096498801, Seite 205[255] vgl. ebd.

[256] Bilderberg Meetings, Buxton Conference, Williamsburg Conference, Virginia, USA, 20-22 March 1964, List of Participants

[257] Bilderberg Meetings, Villa D'Este Conference, Italy, 2-4 April 1965, List of Participants

[258] Bilderberg Meetings, Wiesbaden Conference, Germany, 2-4 April 1966, List of Participants

[259] Zeit, 4.10.1956, https://www.zeit.de/1956/40/warburgs-rueckkehr?print, abgerufen am 25.11.2020

[260] Eduard Rosenbaum, Ari J. Sherman: Das Bankhaus M. M. Warburg & CO. 1798–1938. Verlag Hans Christians, Hamburg 1976, S. 66, 67 zitiert auf Wikipedia, https://de.wikipedia.org/wiki/Max_Warburg#cite_note-8, abgerufen am 25.11.2020

[261] Offizielle Paul M. Warburg-Biografie der Federal Reserve History, https://www.federalreservehistory.org/people/paul-m-warburg, abgerufen am 25.11.2020

[262] Wikipedia, https://de.wikipedia.org/wiki/Siegmund_G._Warburg, abgerufen am 25.11.2020

[263] Robert Gaylon Ross, Sr, Who's Who of the Elite, Edition RIE, USA, ISBN 096498801, Seite 201

[264] Geschichte der Atlantik-Brücke, https://www.atlantik-bruecke.org/geschichte-der-atlantik-bruecke/, abgerufen am 25.11.2020

[265] Internetseite des Bankenverbandes, https://bankenverband.de/ueber-uns/historie/, abgerufen am 25.11.2020

[266] Geschichte der Atlantik-Brücke, https://www.atlantik-bruecke.org/geschichte-der-atlantik-bruecke/, abgerufen am 25.11.2020

[267] Internetseite der Konrad-Adenauer-Stiftung, https://www.kas.de/de/web/geschichte-der-cdu/personen/biogramm-detail/-/content/erik-blumenfeld, abgerufen am 25.11.2020

[268] Internetseite der Atlantik-Brücke, https://www.atlantik-bruecke.org/die-atlantik-bruecke/, abgerufen am 25.11.2020

[269] Jahresbericht der Atlantik-Brücke Juni 2009 bis Juni 2010, https://www.atlantik-bruecke.org/wp-content/uploads/jb-0910-final.pdf, abgerufen am 26.11.2020

[270] Internetseite der Atlantik-Brücke,https://www.atlantik-bruecke.org/?s=leisler+kiep, abgerufen am 26.11.2020

[271] Robert Gaylon Ross, Sr, Who's Who of the Elite, Edition RIE, USA, ISBN 096498801, Seite 188

[272] Internetseite der DGAP, https://dgap.org/de/presse/news/trauer-um-walther-leisler-kiep, abgerufen am 26.11.2020

[273] Internetseite der Atlantik-Brücke, https://www.atlantik-bruecke.org/die-atlantik-bruecke/vorstand/, abgerufen am 26.11.2020

[274] Internetseite The Trilateral Commssion, http://trilateral.org/download/files/TC_list_11_15.pdf, abgerufen am 26.11.2020

[275] Internetseite der DGAP, https://dgap.org/de/presse/news/dr-thomas-enders-ist-neuer-praesident-der-dgap, abgerufen am 26.11.2020

[276] Internetseite der Atlantik-Brücke, https://www.atlantik-bruecke.org/die-atlantik-bruecke/vorstand/, abgerufen am 26.11.2020

[277] Bilderberg Meetings, 2014 - The Mariott Hotel, Copenhagen, Denmark, 29th May - 1st June, List of Participants; Bilderberg Meetings, 2015 - Telfs-Buchen, Österreich, List of Participants; Bilderberg Meetings, 2010 - Sitges, Spain, 3rd - 6th June, List of Participants;

[278] Membership-List, The Trilateral Commission, February 2006

[279] Internetseite der DGAP, https://dgap.org/de/presse/news/dr-thomas-enders-ist-neuer-praesident-der-dgap, abgerufen am 26.11.2020

[280] Internetseite der Atlantik-Brücke, https://www.atlantik-bruecke.org/die-atlantik-bruecke/vorstand/, abgerufen am 26.11.2020

[281] Membership-List, The Trilateral Commission, April 2014

[282] Manager-Magazin, 17.03.2016, https://www.manager-magazin.de/unternehmen/personalien/friedrich-merz-wird-lobbyist-des-investment-riesen-blackrock-a-1082798.html, abgerufen am 26.11.2020

[283] Neue Zürcher Zeitung, Ein Europäer der ersten Stunde, 11.04.2017, https://www.nzz.ch/meinung/polens-beitrag-zur-einigung-ein-europaeer-der-ersten-stunde-ld.1085510, abgerufen am 28.11.2020

[284] vgl. ebd.

[285] Frankfurter Rundschau, Geheimes Treffen der Elite, 07.06.2020, https://www.fr.de/politik/geheimes-treffen-elite-11659148.html, abgerufen am 28.11.2020

[286] vgl. ebd.

[287] vgl. ebd.

[288] Die Welt, Trittin nach Bilderberg-Konferenz in Erklärungsnot, 5.06.2012, https://www.welt.de/politik/deutschland/article106419336/Trittin-nach-Bilderberg-Konferenz-in-Erklaerungsnot.html, abgerufen am 28.11.2020

[289] Bilderberg Meetings, 2008 - Chantilly, Virginia, USA5-8 June 2008, List of Participants

[290] Spiegel International, The European Council on Foreign Relations, New Think Tank Hopes to Put Europe Back on the Map, 11.10.2007, https://www.spiegel.de/international/europe/the-european-council-on-foreign-relations-new-think-tank-hopes-to-put-europe-back-on-the-map-a-510882.html, abgerufen am 27.11.2020

[291] Bilderberg Meetings, 2014 - The Mariott Hotel, Copenhagen, Denmark, 29th May - 1st June, List of Participants; Bilderberg Meetings, 2010 - Sitges, Spain, 3rd - 6th June, List of Participants

[292] Internetseite des European Council on Foreign Relations, https://ecfr.eu/leadership/, abgerufen am 27.11.2020

[293] Internetseite des Project Syndicate, https://www.project-syndicate.org/archive?query=Carl+bild, abgerufen am 27.11.2020

[294] The Trilateral Commission, Membership in January 2020, http://trilateral.org/download/files/TC-MEMBERSHIP-LIST-JANUARY-2020.pdf, abgerufen am 27.11.2020

[295] vgl. ebd.

[296] Internetseite der Atlantik-Brücke, https://www.atlantik-bruecke.org/die-atlantik-bruecke/gremien/, abgerufen am 28.11.2020

[297] Bilderberg Meetings, 2012 - Chantilly, Virginia, USA, 31st May - 3rd June, List of Participants; Bilderberg Meetings, 2008 - Chantilly, Virginia, USA, 5th - 8th June, List of Participants

[298] Internetseite des European Council on Foreign Relations, https://ecfr.eu/berlin/de/council/, abgerufen am 27.11.2020

[299] Bilderberg Meetings, 2008 - Chantilly, Virginia, USA5-8 June 2008, List of Participants

[300] Süddeutsche Zeitung, 27.11.2020, https://www.sueddeutsche.de/politik/ex-aussenminister-fischer-meldet-sich-zurueck-joschkas-rueckkehr-1.890303, abgerufen am 27.11.2020

[301] The Trilateral Commission, Membership in May 2005

[302] Internetseite Council on Foreign Relations, https://www.cfr.org/membership/roster, abgerufen am 28.11.2020

[303] Bilderberg Meetings, 1990 - Glen Cove, New York, USA, 10th-13th May, List of Participants

[304] Internetseite des European Council on Foreign Relations, https://ecfr.eu/council/, abgerufen am 27.11.2020

[305] Internetseite der DGAP, https://dgap.org/de/ueber-uns/die-organe-der-gesellschaft, abgerufen am 28.11.2020

[306] Internetseite der Atlantik-Brücke e.V., https://www.atlantik-bruecke.org/die-atlantik-bruecke/gremien/weitere-vorstandsmitglieder/, abgerufen am 27.11.2020

[307] Internetseite der Europa Union Deutschland, https://www.europa-union.de/ueber-uns/parlamentariergruppen/deutscher-bundestag/a-z-19-bt/, abgerufen am 27.11.2020

[308] Internetseite des European Council on Foreign Relations, https://ecfr.eu/berlin/de/council/, abgerufen am 27.11.2020

[309] Deutsche Gesellschaft für Auswärtige Politik e.V, 50 Jahre Deutsche Gesellschaft für Auswärtige Politik e.V., https://dgap.org/sites/default/files/50_jahre_dgap.pdf, abgerufen an 26.11.2020

[310] vgl. ebd.

[311] Internetseite der Deutsche Gesellschaft für Auswärtige Politik e.V, https://dgap.org/de/foerderer, abgerufen am 26.11.2020

[312] Deutsche Gesellschaft für Auswärtige Politik e.V, 50 Jahre Deutsche Gesellschaft für Auswärtige Politik e.V., https://dgap.org/sites/default/files/50_jahre_dgap.pdf, abgerufen an 26.11.2020

[313] Internetseite der Atlantik-Brücke, https://www.atlantik-bruecke.org/die-atlantik-bruecke/vorstand/, abgerufen am 26.11.2020

[314] Internetseite The Trilateral Commission, http://trilateral.org/download/files/TC_list_11_15.pdf, abgerufen am 26.11.2020

[315] Deutsche Gesellschaft für Auswärtige Politik e.V, 50 Jahre Deutsche Gesellschaft für Auswärtige Politik e.V., https://dgap.org/sites/default/files/50_jahre_dgap.pdf, abgerufen am 26.11.2020

[316] Werner Rügemer: Der Bankier. Ungebetener Nachruf auf Alfred von Oppenheim. 3. Geschwärzte Auflage 2006, S. 32f

[317] Internetseite der Europa-Union Deutschland e.V., https://www.europa-union.de/ueber-uns/geschichte, abgerufen am 26.11.2020

[318] Der Beitrag der Europäischen Föderalisten zum Einigungsprozess, Sergio Pistone und Otto Schmuck, Seiten 3,10, https://www.europa-union.de/fileadmin/files_eud/PDF-Dateien_EUD/Allg._Dokumente/Geschichte_EUD___UEF.pdf, abgerufen am 26.11.2020

[319] Europäische Kommission, Altiero Spinelli: Unbeugsamer Föderalist, https://europa.eu/european-union/sites/europaeu/files/docs/body/altiero_spinelli_de.pdf, abgerufen am 27.11.2020

[320] Das Manifest von Ventotene, Altiero Spinelli und Ernesto Rossi, 1941, https://www.jef.de/ueber-uns/geschichte/manifest-von-ventotene, abgerufen am 27.11.2020

[321] Internetseite der Europa-Union, Aktionskomitee für die Vereinigten Staaten von Europa! – Einwurf von EUD-Generalsekretär Christian Moos, https://www.europa-union.de/ueber-uns/meldungen/aktuelles/aktionskomitee-fuer-die-vereinigten-staaten-von-europa-einwurf-von-eud-general/, abgerufen am 27.11.2020

[322] The Telegraph, 19,09.2000, https://www.telegraph.co.uk/news/worldnews/europe/1356047/Euro-federalists-financed-by-US-spy-chiefs.html, abgerufen am 27.11.2020

[323] Online Archive of California, https://oac.cdlib.org/findaid/ark:/13030/kt7779r94m/entire_text/[324] Tagesspiegel.de, https://www.tagesspiegel.de/gesellschaft/geschichte/justiz-todesstrafe-in-der-ddr/991722.html - abgerufen am 27.02.2020

[325] Die Gazette, 83684 Tegernsee, 16. Januar 2004

[326] Mdr.de, 07.11.2019, https://www.mdr.de/zeitreise/ddr/todesstrafe-ddr-todesurteil-werner-teske-100.html - abgerufen am 27.02.2020

[327] Schlussbericht der Enquete-Kommission „Überwindung der Folgen der SED-Diktatur im Prozeß der deutschen Einheit", BT-Drs. 13/11000 (1998), S. 19 f., http://dipbt.bundestag.de/doc/btd/13/110/1311000.pdf - abgerufen am 27.02.2020

[328] Tagesspiegel.de, https://www.tagesspiegel.de/gesellschaft/geschichte/justiz-todesstrafe-in-der-ddr/991722.html - abgerufen am 27.02.2020

[329] Bundesverband Deutscher Landwirte e.V., Pressemitteilung vom 19.12.2002

330 Kronen-Zeitung, 9. Januar 1993, Seite 5

331 John Barron, KGB - Arbeit und Organisation des sowjetischen Geheimdienstes in Ost und West. Verlag Scherz Bern und München, 1974

332 Der Spiegel, 25.09.1995, https://www.spiegel.de/spiegel/print/d-9221729.html - abgerufen am 22.02.2020

333 dto.

334 Münchner Stadtanzeiger, 09.12.1993, Nr. 49, Seite 14

335 Anke Geier, Der Vorbeugekomplex des MfS in Thüringen, http://www.thla-thueringen.de/images/Vortrag_ThLA_Dr._Anke_Geier_Der_Vorbeugekomplex_des_MfS_in_Thueringen_Update.pdf - abgerufen am 22.02.2020

336 Der Bundesbeauftragte für die Unterlagen des Staatssicherheitsdienstes der ehemaligen Deutschen Demokratischen Republik (BStU), https://www.bstu.de/informationen-zur-stasi/themen/beitrag/vorbereitung-auf-den-tag-x/ - abgerufen am 22.02.2020

337 Marco Fieber auf Web.de am 11. Februar 2020, https://web.de/magazine/politik/sed-steckt-cdu-mitglieder-wiedervereinigung-34419032, abgerufen am 02.05.2021

338 Hubertus Knabe auf die-tagespost.de, 05.09.2020, https://www.die-tagespost.de/politik/aktuell/die-schmutzige-vergangenheit-der-linken;art315,211536, abgerufen am 02.05.2021

339 Spiegel.de, 15.08.2019, https://www.spiegel.de/politik/deutschland/rot-rot-gruen-so-viel-sed-steckt-noch-in-den-linken-a-1282072.html, abgerufen am 02.05.2021

340 Der Tagesspiegel, 10.01.2020, https://www.tagesspiegel.de/politik/gruender-ueber-40-jahre-gruene-fuer-viele-waren-wir-ein-kulturschock/25405192.html, abgerufen am 14.10.2020

341 Blog von Klaus Lelek (Taunuswolf), 14.01.2020, »40 Jahre Grüne: Erinnerungen eines zornigen Mitbegründers oder „ist das der Sonderzug zum Linksstaat?«, https://taunuswolf.tumblr.com/post/190253048976/40-jahre-grüne-erinnerungen-eines-zornigen, abgerufen am 16.10.2020

342 Gerd Bastian in seinem Brief an die Bundestagsfraktion der Grünen, Die Tageszeitung, taz, 12.01.1984, laut der Argumentationsschrift der CDU/CSU-Fraktion im Deutschen Bundestag, Die Kader der Grünen, 22. Mai 1986

343 Lothar Gassmann, DIE GRÜNEN - eine Alternative, 1985, ISBN 3-7751-102-X, Hänssler-Verlag, Seite 40

344 Internetseite der Caritas Frankfurt/Main, Die Geschichtswerkstatt Gallus berichtet, Historisches und Aktuelles, Ausgabe Mai 2020, https://www.caritas-frankfurt.do/cms/contents/caritas-frankfurt.de/medien/dokumente/quartiersmanagement/die-geschichtswerkst44/

89_die_geschichtswerkstatt_berichtet_ml147.pdf?d=a&f=pdf, abgerufen am 20.10.2020

345 Stéphane Courtois, Das Schwarzbuch des Kommunismus: Unterdrückung, Verbrechen und Terror, 2004, Verlag Piper, ISBN 978-3492046640

346 Wikipedia, https://de.wikipedia.org/wiki/Kommunistischer_Bund, abgerufen am 8.11.2020

347 Michael Steffen, Geschichten vom Trüffelschwein. Politik und Organisation des Kommunistischen Bundes 1971 bis 1991. Inauguraldissertation zur Erlangung des Grades eines Doktors der Philosophie, Philipps-Universität Marburg, 2002

348 Wikipedia, https://de.wikipedia.org/wiki/Knut_Mellenthin, abgerufen am 8.11.2020

349 Wikipedia, https://de.wikipedia.org/wiki/Matthias_Küntzel, abgerufen am 8.11.2020

350 Wikipedia, https://de.wikipedia.org/wiki/Jan_Feddersen, abgerufen am 8.11.2020

351 Wikipedia, https://de.wikipedia.org/wiki/Jürgen_Reents, abgerufen am 8.11.2020

352 Bundesminister des Innern, Verfassungsschutzbericht 1977, Bonn, September 1978, ISSN: 0343-690X

353 Michael Steffen, Geschichten vom Trüffelschwein. Politik und Organisation des Kommunistischen Bundes 1971 bis 1991. Inauguraldissertation zur Erlangung des Grades eines Doktors der Philosophie, Philipps-Universität Marburg, 2002, Seite 323

354 Wikipedia, https://de.wikipedia.org/wiki/Kommunistischer_Bund_Westdeutschland, abgerufen am 8.11.2020

355 Süddeutsche Zeitung, 19. Mai 2015, https://www.sueddeutsche.de/politik/idi-amin-des-killers-abschied-im-kreise-seiner-liebsten-1.918622?print=true, abgerufen am 08.11.2020

356 Wikipedia, https://de.wikipedia.org/wiki/Pol_Pot, abgerufen am 08.11.2020

357 Wikipedia, https://de.wikipedia.org/wiki/Mao_Zedong, abgerufen am 8.11.2020

358 Wikipedia, https://de.wikipedia.org/wiki/Kommunistischer_Bund_Westdeutschland, abgerufen am 8.11.2020

359 Bundesminister des Innern, Verfassungsschutzbericht 1984, Bonn, August 1985, ISSN: 0343-690X, Seite 95

360 Bundesminister des Innern, Verfassungsschutzbericht 1975, Bonn, Seite 84

361 Focus, 20.10.2016, https://www.focus.de/politik/deutschland/k-gruppen-wende-genossen_aid_166129.html, abgerufen am 20.11.2020

362 Michael Steffen, Geschichten vom Trüffelschwein. Politik und Organisation des Kommunistischen Bundes 1971 bis 1991. Inauguraldissertation zur Erlangung des Grades eines Doktors der Philosophie, Philipps-Universität Marburg, 2002, Seite 323

363 Wikipedia, https://de.wikipedia.org/wiki/Kommunistische_Partei_Deutschlands_(Aufbauorganisation), abgerufen am 09.11.2020

364 Bundesminister des Innern, Verfassungsschutzbericht 1972, Bonn, Seiten 89-91

365 Michael Steffen, Geschichten vom Trüffelschwein. Politik und Organisation des Kommunistischen Bundes 1971 bis 1991. Inauguraldissertation zur Erlangung des Grades eines Doktors der Philosophie, Philipps-Universität Marburg, 2002, Seite 323

366 Bundesminister des Innern, Verfassungsschutzbericht 1977, Bonn, Seite 100

367 Bundesminister des Innern, Verfassungsschutzbericht 1976, Bonn, Seiten 99-100

368 Wikipedia, https://de.wikipedia.org/wiki/Kommunistische_Partei_Deutschlands_(Aufbauorganisation), abgerufen am 11.11.2020

369 Welt Online, Fiktiver Wahlkampf: Grüne räumen Fehler ein, 25.01.2005, https://www.welt.de/print-welt/article372850/Fiktiver-Wahlkampf-Gruene-raeumen-Fehler-ein.html, abgerufen am 04.12.2020

370 Taz.de, 24.07.2020, Weiße Privilegein für Amthor, https://taz.de/Verfahren-gegen-CDU-Politiker-eingestellt/!5700686/, abgerufen am 09.11.2021

371 Nordkurier.de, 06.05.2021, Lobby Brief von Philipp Amthor an Altmaier veröffentlicht, https://www.nordkurier.de/mecklenburg-vorpommern/lobby-brief-von-philipp-amthor-an-altmaier-veroeffentlicht-0643421105.html, abgerufen am 09-11-2021

372 Internetseite der Europa-Union von Mecklenburg-Vorpommern, https://www.europa-union-mv.de/ueber-uns/parlamentarische-mitglieder, abgerufen am 09.11.2021

373 Internetseite der Atlantik-Brücke, https://www.atlantik-bruecke.org/was-zaehlt-ist-authentizitaet/, abgerufen am 09.11.2021

374 Spiegel.de, 03.06.2021, »Das ist ein Aufwand von einem Nachmittag«, https://www.spiegel.de/panorama/bildung/helge-braun-und-seine-doktorarbeit-das-ist-ein-aufwand-von-einem-nachmittag-a-aea92aed-8f94-49ba-a674-2b63bdc5e01f, abgerufen am 01.11.2021

375 Europa-union.de, Europa-Union Parlamentarier im Deutschen Bundestag, https://www.europa-union.de/ueber-uns/parlamentariergruppen/deutscher-bundestag/a-z-19-bt, abgerufen am 01.11.2021

[376] Spiegel.de, 04.08.2008, Ver.di-Chef Bsirske entschuldigt sich für Lufthansa-Freiflug, https://www.spiegel.de/politik/deutschland/first-class-in-die-usa-ver-di-chef-bsirske-entschuldigt-sich-fuer-lufthansa-freiflug-a-569807.html, abgerufen am 01.11.2021

[377] Welt.de, 22.09.2010, Vom Ver.di-Chef wurde er fast verprügelt. https://www.welt.de/kultur/article9746100/Vom-Ver-di-Chef-wurde-er-fast-verpruegelt.html, Abgerufen am 01.11.2021

[378] Taz.de, 14.06.2010, Böller sprengt Demo, https://taz.de/!419901/, abgerufen am 01.11.2021

[379] Lufthansa AG: Geschäftsbericht 2010, https://investor-relations.lufthansagroup.com/fileadmin/downloads/de/finanzberichte/geschaeftsberichte/LH-GB-2010-d.pdf, abgerufen am 02.11.2021

[380] Deutsche Postbank, Finanzbericht 2010, https://web.archive.org/web/20120326174951/http://finanzberichte.postbank.de/2010/gb/dasunternehmen/corporategovernance/verguetungsbericht2010/verguetungdesaufsichtsrats.html?cat=m, abgerufen am 02.11.2021

[381] RWE, Geschäftsbericht 2012, https://www.rwe.com/-/media/archive/ir-archiv/25-de/2013/RWE-Geschaeftsbericht-2012.pdf, abgerufen am 02.11.2021

[382] Deutsche Bank, Vergütungsbericht 2018, https://www.db.com/ir/de/download/Deutsche_Bank_Verguetungsbericht_2018.pdf, abgerufen am 02.11.2021

[383] Fr.de, 16.02.2011, Gefallene Titelhelden, https://www.fr.de/politik/gefallene-titelhelden-11393972.html, abgerufen am 05.11.2021

[384] Berliner-Zeitung.de, 30.07.1997, Richter bestätigt Urteil gegen Mario Czaja: CDU-Politiker muss Geldstrafe zahlen, https://www.berliner-zeitung.de/richter-bestaetigt-urteil-gegen-mario-czaja-cdu-politiker-muss-geldstrafe-bezahlen-li.9147, abgerufen am 06.11.2021

[385] Potsdamer Neueste Nachrichten, 19.01.2016, Kein Sommermärchen, https://www.pnn.de/brandenburg/linke-droht-strafzahlung-umstrittene-sommertour-von-finanzminister-goerke-kein-sommermaerchen/21456430.html, abgerufen am 03.11.2021

[386] BZ-berlin.de, 11.02.2019, Genossen-Filz: Wenn die Ex des Vize den Top-Job bekommt, https://www.bz-berlin.de/berlin/umland/genossen-filz-wenn-die-ex-des-vize-den-top-job-bekommt, abgerufen am 03.11.2021

[387] Deutschlandfunk.de, 18.09.2020, Susanne Hennig-Wellsow und der pragmatische »Thüringer Weg«, https://www.deutschlandfunk.de/kandidatin-fuer-linken-bundesvorsitz-susanne-hennig-wellsow.1769.de.html?dram:article_id=484383, abgerufen am 06.11.2021

[388] Deutschlandfunk.de, 18.09.2020, Susanne Hennig-Wellsow und der pragmatische »Thüringer Weg«, https://www.deutschlandfunk.de/kandidatin-fuer-linken-bundesvorsitz-susanne-hennig-wellsow.1769.de.html?dram:article_id=484383, abgerufen am 06.11.2021

[389] Mdr.de, 26.02.2021, Kandidatin für Linke-Vorsitz, https://www.mdr.de/nachrichten/thueringen/hennig-wellsow-wissler-linke-parteitag-bundesvorsitz-portraet-100.html, abgerufen am 06.11.2021

[390] Cicero.de, 17.12.2018, »Wenn Sie jemanden zitieren, müssen sie das richtig tun.« https://www.cicero.de/innenpolitik/prozess-necla-kelek-lamya-kaddor-sodomie-islam-, abgerufen am 09.11.2021

[391] Westfälische Nachrichten, wn.de, 27.12.2011, Uni-Geld im Schließfach ist keine Untreue, https://www.wn.de/muensterland/uni-geld-im-schliessfach-ist-keine-untreue-2187145, abgerufen am 09.11.2021

[392] Bundestag.de, Abgeordnetenbiografie Lamya Kaddor, https://www.bundestag.de/abgeordnete#url=L2FiZ2VvcmRuZXRlL2Jpb2dyYWZpZW4vSy9rYWRkb3JfbGFteWEtODYwOTE0&mod=mod862712&dir=ltr, abgerufen am 09.11.2021

[393] Zeit-online, 13. Mai 2004, Klein-Schmeink versäumt Zahlung von Zweitwohnsitzsteuer, https://www.zeit.de/politik/deutschland/2014-05/Klein-Schmeink-Zweitwohnung-Steuern, abgerufen am 03.11.2021

[394] Hessenschau (20.09.2021): Staatsanwaltschaft ermittelt gegen FDP-Abgeordneten Lenders, https://www.hessenschau.de/politik/verdacht-der-untreue-staatsanwaltschaft-ermittelt-gegen-fdp-abgeordneten-lenders,landtag-fdp-fraktion-lenders-ermittlungen-briefe-100.html, (abgerufen am: 14.10.2021)

[395] Taz.de, 21.08.2011, Linke gratuliert Castro zum 85., https://taz.de/Brief-loest-Empoerung-aus/!5113755/, abgerufen am 07.11.2021

[396] Verfassungsschutzbericht 2010 des Landes Nordrhein-Westfalen, Seite 126, Herausgegeben vom Ministerium für Inneres und Kommunales des Landes NRW, Düsseldorf, 2011

[397] Deutschlandfunk.de, 10.08.2011, https://www.deutschlandfunk.de/die-meisten-mitglieder-der-linkspartei-tragen-die-ddr-im.694.de.html?dram:article_id=70416, abgerufen am 07.11.2021

[398] Merkur.de, 19.11.2011, Ex-Stasi-Mitarbeiter arbeitet für Gesine Lötzsch, https://www.merkur.de/politik/ex-stasi-mitarbeiter-arbeitet-gesine-loetzsch-zr-1087882.html, abgerufen am 07.11.2021

[399] Merkur.de, 19.11.2011, Ex-Stasi-Mitarbeiter arbeitet für Gesine Lötzsch, https://www.merkur.de/politik/ex-stasi-mitarbeiter-arbeitet-gesine-loetzsch-zr-1087882.html, abgerufen am 07.11.2021

[400] Merkur.de, 19.11.2011, Ex-Stasi-Mitarbeiter arbeitet für Gesine Lötzsch, https://www.merkur.de/politik/ex-stasi-mitarbeiter-arbeitet-gesine-loetzsch-zr-1087882.html, abgerufen am 07.11.2021

[401] Sr.de, 07.10.2021, Weitere Beschuldigte im Verfahren gegen die Saar-Linke, https://www.sr.de/sr/extrawebs/ermittlungen_gegen_lutze_saar-linke_ausgeweitet_100.html, abgerufen am 05.11.2021

[402] Tagesschau.de, 27.05.2021, Betrugsverdacht gegen Abgeordneten, https://www.tagesschau.de/investigativ/lutze-saarland-linkspartei-101.html, abgerufen am 05.11.2021

[403] Tagesspiegel.de, 16.03.2017, Müller spricht bei umstrittener Friedensdemo, https://www.tagesspiegel.de/berlin/breitscheidplatz-in-charlottenburg-mueller-spricht-bei-umstrittener-friedensdemo/19529638.html, abgerufen am 05.11.2021

[404] Deutsche Umwelthilfe e.V. Dienstwagen der Regierungschefs der Länder 2019, https://www.duh.de/fileadmin/user_upload/download/Projektinformation/Verkehr/Dienstwagen/2019/Dienstwagen-Umfrage_RegierungschefsLaender_2019_191203.pdf, abgerufen am 05.11.2021

[405] Spiegel.de, 3.11.2016, Integrationsbeauftragte lehnt pauschales Verbot von Kinderehen ab, https://www.spiegel.de/panorama/gesellschaft/kinderehen-in-deutschland-integrationsbeauftragte-aydan-oezoguz-gegen-pauschales-verbot-a-1119480.html, abgerufen am 08.11.2021

[406] Spiegel.de, 18.08.2021, Linken-nahe Gewerkschaft ruft zu Linken-Wahlboykott auf, https://www.spiegel.de/politik/deutschland/sahra-wagenknecht-gewerkschaft-ruft-zu-linken-wahlboykott-gegen-bernd-riexinger-auf-a-bf939ddc-4f95-4210-b933-ca05a5fcf98e, abgerufen am 06.11.2021

[407] Merkur.de, 27.09.2009, Schwere Schlappen für Carstensen und Stegner an der Förde, https://www.merkur.de/politik/schwere-schlappen-carstensen-stegner-foerde-zr-478376.html, abgerufen am 04.11.2021

[408] Shz.de, 27.10.2019, Aus für Ralf Stegner, https://www.shz.de/regionales/schleswig-holstein/aus-fuer-ralf-stegner-beleidigte-leberwurst-ist-nicht-angesagt-id26142667.html, abgerufen am 04.11.2021

[409] Shz.de, 16.07.2009, Carstensen will Koalitionsbruch im Norden durchziehen, https://www.shz.de/deutschland-welt/carstensen-will-koalitionsbruch-im-norden-durchziehen-id632106.html, abgerufen am 04.11.2021

[410] Kölner Stadt-Anzeiger 12.03.2010, HSA-Nordbank: Stegner unter Betrugsverdacht, https://www.ksta.de/hsh-nordbank-stegner-unter-betrugsverdacht-12878318?cb=1636058283830&, abgerufen am 04.11.2021

[411] Focus online, 22.04.2016, Gericht verbietet SPD-Vize Äußerungen über AfD, https://www.focus.de/regional/hamburg/parteien-gericht-verbietet-spd-vize-stegner-aeusserung-ueber-afd_id_5460666.html, abgerufen am 04.11.2021

[414] DGAP, Jahresregister 2010, https://internationalepolitik.de/sites/default/files/register_2010.pdf, abgerufen am 11.11.2021

415 FAZ.net, 16.09.2014, https://www.faz.net/aktuell/politik/ausland/james-kirchick-die-opfer-des-kommunismus-verdienen-ein-denkmal-13147364.html - abgerufen am 13.02.2020

416 Der Spiegel, 24.11.1997, Seite 234, https://www.spiegel.de/spiegel/print/d-8830864.html - abgerufen am 20.02.2020

417 Bundesamt für Verfassungsschutz, Verfassungsschutzbericht 2018 des Bundesministerium des Innern, für Bau und Heimat, Berlin, Seite 159, ISSN: 0177-0357

418 Internetseite »Die Linke«, https://www.die-linke.de/partei/parteistruktur/parteivorstand/bundesgeschaeftsstelle/ - abgerufen am 20.02.2020

419 Wikipedia, https://de.wikipedia.org/wiki/Karl-Liebknecht-Haus - abgerufen am 20.02.2020

420 Wikipedia, https://de.wikipedia.org/wiki/Dagmar_Enkelmann - abgerufen am 20.02.2020

421 Wikipedia, https://de.wikipedia.org/wiki/Rosa-Luxemburg-Stiftung - abgerufen am 20.02.2020

422 Internetseite Rundfunk Berlin-Brandenburg, rbb.de, 13,12,2019, https://www.rbb24.de/politik/beitrag/2019/12/opfer-kommunismus-mahnmal-bundestag-berlin.html - abgerufen am 20.02.2020

423 Frankfürter Allgemeine Online, 10.10.2021, https://www.faz.net/aktuell/wirtschaft/steuerzahlerbund-kritisiert-erweiterungsbau-fuer-bundestag-17578105.html?service=printPreview, abgerufen am 13.11.2021.

424 Zeit.de, Parlamentsetat. Kosten für Bundestag steigen kontinuierlich, 24.10.2019, https://www.zeit.de/politik/deutschland/2019-10/parlamentsetat-bundestag-ausgaben-die-linke-wahlrecht?utm_referrer=https%3A%2F%2Fwww.google.de%2F, abgerufen am 13.11.2021

425 ndr.de, 16.11.2021, Zu schnell gefahren: CDU-Politiker Amthor muss Führerschein abgebenhttps://www.ndr.de/nachrichten/mecklenburg-vorpommern/Zu-schnell-gefahren-CDU-Politiker-Amthor-muss-Fuehrerschein-abgeben,kurzmeldungmv4088.html, abgerufen am 22.11.2021

426 Stuttgarter Nachrichten Online, 04.01.2019, Cem Özdemir gerät für Flugreise in die Kritik, https://www.stuttgarter-nachrichten.de/inhalt.gruenen-politiker-postet-urlaubsfoto-cem-oezdemir-geraet-fuer-flugreise-in-die-kritik.366be0d7-4066-4619-88aa-0f8ff4db98be.html, abgerufen am 23.11.2021

427 Freiheit, 24.06.1985, Jusos für volle Anerkennung der DDR-Staatsbürgerschaft, https://www.genios.de/document?id=MZFR__MDS-A-H-RD-145_frh_1985-06-24_002-27&src=hitlist, abgerufen am 24.11.2021

428 Tagesspiegel.de, 29.05.2013, https://www.tagesspiegel.de/berlin/julis-halten-fdp-mann-fuer-lobbyisten-bundestagsabgeordneter-lindemann-in-der-kritik/8268578.html, abgerufen am 9.11.2021

[429] Berliner-Zeitung.de, 06.08.2013, https://www.berliner-zeitung.de/veggie-day-lars-lindemann-kritisiert-gruene-mit-nazi-bild-li.32802, abgerufen am 10.11.2021

[430] ntv.de, 30.07.2013, Linke wirbt bei Ex-Stasi-Leuten um Stimmen, https://www.n-tv.de/politik/Linke-wirbt-bei-Ex-Stasi-Leuten-um-Stimmen-article11087026.html, abgerufen am 03.11.2021

Namensverzeichnis

VAWS Pressebüro

Bündnis 90/ Die Grünen

Ein alternativer Verfassungsschutzbericht

Es existiert bereits viel an Literatur über DIE GRÜNEN und man sollte meinen, damit sei alles Wissenswerte geschrieben. Leider falsch! Zum einen existieren jene Bücher und Schriften, welche die Partei unkritisch behandeln, die Parteigeschichte durch Weglassen beschönigen oder diese schlichtweg umgeschrieben haben.

Zum anderen gibt es eine Reihe kritischer Schriften, die sich vor allem durch eine Fülle von falschen Zitaten disqualifizieren und somit unglaubwürdig sind. Auch die Oberflächlichkeit dieser Literatur muss an dieser Stelle bemängelt werden.

Z.B. ist häufig von einem Dutzend Kommunisten die Rede. Fakt hingegen ist, dass mehr als 200 Kommunisten die Partei unterwandert haben. Rund 70 davon konnten wir bereits namentlich aufführen. Diese haben überwiegend gehobene Parteiposten, haben in den Parlamenten und in den Ministerien Einzug gefunden – nicht selten bis heute.

Das Thema Pädophilie (Sex mit Kindern) fungiert in den meisten dieser kritischen Schriften als Hauptthema und gleicht der parteieigenen sogenannten Aufarbeitungsschrift

- 2 -

- 2 -

zu diesem Thema. Auch hier konnten wir zusätzliche Informationen beschaffen, die nicht nur die Theorie, sondern die kriminellen Handlungen - die im Verborgenen abliefen – behandeln.

Die mangelnde Aufklärung nicht nur der großen Medien, sondern auch der kleinen - mit dem Anspruch besonders umfangreich aufzuklären - haben sicherlich zu den enormen Wahlerfolgen von BÜNDNIS 90/DIE GRÜNEN beigetragen.

Wir müssen liefern! Das haben wir als unsere Aufgabe angesehen und bieten hiermit unsere Neuerscheinung an.

Die Umweltschutzbewegung war in den 1970er Jahren eine Sammlung von Aktivisten jeder politischen Ausrichtung. Durch die kommunistischen Unterwanderung der Partei DIE GRÜNEN ist davon nicht mehr viel übrig geblieben.

Wir haben die Geschichte der Partei unzensiert aufgearbeitet und zusammengetragen. Umweltschutz war bereits 50 Jahre vor der Parteigründung DIE GRÜNEN von den Nationalsozialisten erforscht und teils praktiziert worden.

DIE GRÜNEN - ein Plagiat?

Viele der damaligen Umweltschutzaktiven haben an der Gründung der Partei mitgewirkt. Darunter auch maßgeblich eine als »rechtsextrem« eingestufte Partei. Es folgte die Unterwanderung der Grünen durch die K-Gruppen. Diese unzensierte Geschichte, die Lobbyarbeit einiger Grünen-Politiker, das Strafregister grüner Aktivisten (Sexueller Missbrauch, Affären, Betrug, Steuerdelikte, Untreue ...), Zitate und vieles mehr, haben wir für Sie in diesem neuen Buch zusammengetragen.

VAWS-Pressebüro, Bündnis 90/Die Grünen - Ein alternativer Verfassungsschutzbericht, ISBN 978-3-927773-92-9, 216 Seiten, Broschiert: 16,80 Euro. Gebunden: 24,80 Euro

Das aktuelle »Besatzungsrecht« in Deutschland und die Souveränitätsfrage

Dokumentation und Gesetzestexte

Mit dem »Zwei-plus-Vier-Vertrag« hat die Bundesrepublik Deutschland 1990 offiziell die volle Souveränität erlangt. Auch die Rechtswissen-schaftliche Literatur geht von der weitgehenden Erledigung allen Besatzungsrechts aus.

Zu keinem Thema wurde so viel Unsinn - von allen Seiten - veröffentlicht, wie zu diesem. In diesem Buch wird der nicht überschaubaren Materie des Besatzungsrechts nachgegangen und analysiert. Wir stießen bei unseren Recherchen auf umgewandeltes, fortgeltendes und in Deutsches Recht übernommenes Besatzungsrecht.

Fazit: Der Abbau des Besatzungsrechts ist immer noch nicht vollständig abgeschlossen.

Und wie steht es um die Souveränität Deutschlands? Wie ist die Aussage des Bundestagspräsidenten Wolfgang Schäuble, Deutschland ist *»seit dem 8. Mai 1945 zu keinem Zeitpunkt mehr voll souverän gewesen«* zu verstehen? War Deutschland in seiner Geschichte je souverän? Dieses Buch gibt Antworten.

VAWS-Pressebüro, Das aktuelle »Besatzungsrecht« in Deutschland und die Souveränitätsfrage, ISBN 978-3-927773-76-9, 184 Seiten, Euro 24,80